TIME BOXING

MARC ZAO-SANDERS

TIME BOXING

O poder de fazer
uma coisa de cada vez

Tradução de Pedro Pedalini

Rocco

Título original
TIMEBOXING
The Power of Doing One Thing at a Time

Primeira publicação, em 2024, por Michael Joseph, um selo da Penguin Books.
Penguin Books é parte das empresas do grupo Penguin Random House.

EDITORA ROCCO LTDA.
Rua Evaristo da Veiga, 65 – 11º andar
Passeio Corporate – Torre 1
20031-040 – Rio de Janeiro – RJ
Tel.: (21) 3525-2000 – Fax: (21) 3525-2001
rocco@rocco.com.br
www.rocco.com.br

Printed in Brazil/Impresso no Brasil

Preparação de originais
MANOELA ALVES

CIP-BRASIL. CATALOGAÇÃO NA PUBLICAÇÃO
SINDICATO NACIONAL DOS EDITORES DE LIVROS, RJ

Z36t

Zao-Sanders, Marc
Timeboxing : o poder de fazer uma coisa de cada vez / Marc Zao-Sanders ; tradução Pedro Pedalini. - 1. ed. - Rio de Janeiro : Rocco, 2024.

Tradução de: Timeboxing the power of doing one thing at a time
ISBN 978-65-5532-471-6
ISBN 978-65-5595-293-3 (recurso eletrônico)

1. Escolha (Psicologia). 2. Administração de tempo. 3. Desenvolvimento pessoal. I. Pedalini, Pedro. II. Título.

24-92711 CDD: 650.11
CDU: 005.962.11

Gabriela Faray Ferreira Lopes - Bibliotecária - CRB-7/6643

À mamãe, por literalmente tudo.

Palavras-chave:	Intenção; atividade; serenidade; calma; liberdade; sobrecarga; foco; mindfulness; reflexão; flow; colaboração; planejamento; confiança; lista de tarefas; calendário; relações; buracos negros; hábito; descanso; sono; autonomia; única coisa; simplicidade
Contagem de palavras:	50.167
Tempo de leitura:	251 minutos

Tudo que precisamos decidir é o que fazer com o tempo que nos é dado.

— Gandalf

Sumário

Introdução

Nossas maneiras selvagens de trabalhar e viver não conduzem às vidas escolhidas e estimadas pelas quais ansiamos. Este livro é sobre uma prática que leva a isso. Essa prática é chamada de timeboxing.

Por que eu o escrevi

Comecei minha carreira há pouco mais de 20 anos. Naquela época, eu não tinha controle algum: aceitava ordens conforme chegavam e respondia a quem gritasse mais alto. Eu mantinha uma lista de tarefas, mas tinha pouca noção de como priorizar o que estava nela. Cometia erros básicos, deixava o trabalho mais urgente inacabado e frequentemente enfrentava desaprovação e repreensão. Após vários meses sofrendo, elaborei um sistema simples (que chamei de plano de trabalho diário): selecionar itens prioritários da minha lista de tarefas, colá-los em uma planilha, estimar quanto tempo levariam (em unidades de 7,5 minutos para que se acumulassem em 15 ou 30 minutos e horas inteiras) e marcá-los conforme fossem concluídos.

Isso era muito melhor. As coisas importantes estavam sendo feitas, eu podia adaptar o sistema conforme avançava, me sentia mais no controle e que estava alcançando minhas metas (a planilha calculava quantas horas produtivas eu havia trabalhado cada dia). Também tinha um registro digital e pesquisável das minhas tarefas diárias.

Mas ainda estava longe de ser perfeito. Eu tinha que forçar a planilha a se encaixar com compromissos já existentes, como reuniões. Meus colegas não tinham acesso ao arquivo (isso foi no início dos anos 2000, antes da chegada do Dropbox e do Google Drive), e eu certamente não poderia convidar alguém para ver os detalhes por trás de um único item específico. Mais importante, as tarefas na planilha não encaixavam com as horas do dia sem bastante manipulação e gerenciamento: a cada instante, não era claro o que eu deveria estar fazendo, nem se eu estava atrasado ou adiantado.

Há pouco mais de 10 anos, me deparei com um artigo de Daniel Markovitz na *Harvard Business Review* (*HBR*)[1] que sugeria que colocar sua lista de tarefas no próprio calendário teria um efeito transformador na produtividade. Markovitz argumentava que as listas de tarefas, sozinhas, ficavam esmagadoras, difíceis de priorizar, sem contexto e sem capacidade de comprometer seus usuários. Um calendário compartilhado resolvia todos esses problemas. Isso fez sentido para mim. Então, no início de 2014, comecei a adotar o método todos os dias e passei a reconhecê-lo como timeboxing. Toda manhã, eu gastava 15 minutos decidindo o que fazer, quanto tempo dedicaria a cada coisa e registrava tudo no meu Google Calendar.

Tudo mudou.

Eu estava muito mais no controle de tudo. Sabia o que estava fazendo e sentia confiança de que eram as coisas certas para focar naquele momento. Fiquei melhor em prever quando completaria minhas tarefas e, portanto, capaz de dizer sim ou não a novos trabalhos com justificativa e confiança. Em momentos de incerteza e sobrecarga, eu tinha refúgio em um mantra que desenvolvi: "Retorne ao calendário", que tem sido um norte constante sempre que preciso. Quando comecei meu próprio negócio, eu queria ser um CEO transparente e útil. O timeboxing me permitiu exemplificar as duas coisas por meio de um registro aberto e compartilhado com todos da equipe, contendo tudo que eu já havia feito e ainda estava fazendo.

E fui melhorando. Quando olho para trás, para os últimos 10 anos de tarefas no calendário, vejo uma evolução reconfortante, relevante e instrutiva na minha prática de timeboxing: as lacunas no dia de trabalho vão diminuindo; o tamanho dos timeboxes se torna mais regular; seus nomes se tornam mais facilmente reconhecíveis; comecei a usar cores nos timeboxes para que eu pudesse ver, de relance, quanto tempo estava gastando em diferentes áreas da minha vida; e, ao ver que essa abordagem sistemática também poderia ser útil fora do trabalho, cada vez mais horas do tempo em que não estava trabalhado também eram planejadas. Tinha realmente mudado tudo.

O método afetou substancialmente o que eu fazia durante a maior parte do tempo e também quando e como o fazia. Era indispensável.

Cinco anos depois e cada vez mais encantado com essa nova maneira de viver, eu queria que outros também se beneficiassem dela. Então, escrevi meu próprio artigo para a *HBR* sobre o assunto.[2] Tendo praticado o timeboxing por vários anos até o momento, eu tenho observado alguns benefícios adicionais que o tornaram ainda mais poderoso: identificar rapidamente projetos por intermédio da legenda de cores; mostrar aos outros no que eu estava trabalhando e quando; manter um registro útil de tudo o que eu havia feito; estar e me sentir no controle; e simplesmente trabalhar mais rápido. Esse artigo permaneceu na lista dos Mais Populares da *HBR* por vários anos. Muitos leitores me escreveram diretamente. A maioria apenas para dizer que a ideia fez sentido e que eles tentariam implementar. Alguns disseram que estavam usando o método há um tempo e ficaram felizes em descobrir que tinha um nome. Um pai solteiro me disse que isso o ajudou a dar conta quando a vida parecia impossível. O próprio Markovitz entrou em contato! E muitos me perguntaram diretamente sobre como implementar o método.

Não foi apenas lá que ficou popular. Em 2022, um criador de conteúdo do TikTok fez um vídeo[3] divulgando os benefícios do método e destacou meu artigo. Em poucas semanas, acumularam-se 10 milhões de visualizações. A resposta ao vídeo forneceu mais evidências do interesse substancial no que o timeboxing tem a oferecer.

Eu sabia que centenas de milhares de gerentes seniores já empregavam secretárias para planejar todos os dias para eles gerenciando seus calendários e aumentando seus níveis de produtividade, conforto e felicidade. Muitos dos grandes nomes da humanidade — Carl Jung, Albert Einstein, Bill Gates e Mary Callahan Erdoes — executavam alguma versão da prática também.

Parecia que o conceito tinha um apelo extraordinariamente amplo, desde os TikTokers da Geração Z aos pais ocupados, executivos de empresas a alguns líderes mundiais e iconoclastas.

■ ■ ■ ■

Todo dia útil pela manhã, um bilhão ou mais de trabalhadores do conhecimento acordam, são atraídos para uma tela pixelada e processam informações por 8 horas ou mais. O trabalho é interminável. As escolhas de no que trabalhar são intermináveis. E ainda há todas as nossas tarefas e responsabilidades fora do trabalho — com seus próprios níveis de urgência e importância — que precisam, de alguma forma, serem justapostas e encaixadas.

Em qualquer dado momento, então, enfrentamos um mar de escolhas difíceis. Isso nos faz sofrer de várias maneiras. Ficamos cansados por tantas opções sempre disponíveis e isso diminui nossa capacidade de tomar as decisões certas.[4] Desenvolvemos um medo de ficar de fora de tudo o que *poderíamos* estar fazendo e que aparece nas redes sociais. Algoritmos insidiosos e invisíveis determinam muito da qualidade e da natureza da vivência moderna e, justo quando conseguimos nos libertar, notificações inoportunas e não solicitadas nos puxam de volta. Falhamos em criar espaço para os hábitos e atividades que nos levariam ao que verdadeiramente desejamos: autodesenvolvimento, uma carreira de sucesso, relacionamentos que nos completam, boa saúde. Uma vida feliz e intencional.

Muitos de nós, portanto, estão mais perplexos, confusos, estressados, ansiosos ou deprimidos do que deveriam. Esta é a condição das pessoas mais privilegiadas da Terra.

Em resposta, milhares de livros e artigos sobre produtividade e gestão de tempo foram escritos. Cada um com seu próprio ângulo, muitas vezes intersectando com alguns dos outros: hábitos, listas de tarefas, foco, flow, energia, priorização, a promessa de fazer mais com menos, medidas antiprocrastinação, saúde mental e espiritualidade. Muitos desses livros oferecem métodos poderosos e se tornaram best-sellers: *Trabalho focado: como ter sucesso em um mundo distraído; Indistraível: como dominar sua atenção e assumir o controle de sua vida; Quatro mil semanas: gestão de tempo para mortais; Comece pelo mais difícil: 21 ótimas maneiras de superar a preguiça e se tornar altamente eficiente e produtivo; Hábitos atômicos: um método fácil e comprovado de criar bons hábitos e se livrar dos maus;* e *15 Secrets Successful People Know about Time Management* (15 segredos das pessoas bem-sucedidas sobre gerenciamento de tempo, em tradução livre), para citar apenas alguns.

E, ainda assim, nenhum desses livros oferece um guia sustentado e completo sobre timeboxing. Todos os seis best-sellers mencionados, por exemplo, reconhecem a prática e concordam com sua efetividade, mas dedicam apenas alguns parágrafos ou páginas a ela.

Portanto, parecia haver uma oportunidade e uma responsabilidade de trazer esse método e mentalidade para muito mais pessoas. Este livro revela o timeboxing como a filosofia *fundamental* de gestão de tempo, madura e pronta para ajudar os bilhões de nós sobrecarregados por escolhas a cada hora do dia.

Madura e pronta para te ajudar.

Por que é para você

Deixe-me adivinhar.

Você está ocupado. Com frequência se sente sobrecarregado. Passa muitas horas por dia na frente de uma tela. Possui e usa diversos dispositivos que o mantêm ligado a esse mundo digital. Pega seu telefone nos primeiros minutos após acordar. Seu telefone, que foi carregado durante a noite, bem ao seu lado, enquanto você dormia. Tem flexibilidade no seu dia, possivelmente sobre onde trabalha e provavelmente sobre o que fazer em qualquer dado momento. Gostaria de desenvolver suas habilidades, aprender muito mais do que tem aprendido. Com frequência se encontra trabalhando em várias coisas ao mesmo tempo, geralmente sem saber como isso aconteceu e não se sentindo bem com nenhuma delas. Acha difícil acompanhar e-mails e aplicativos de mensagens, muitas vezes deixando mensagens sem resposta. Não lê tanto quanto acha que deveria. Leva preocupações do trabalho para casa e preocupações de casa para o trabalho. Está frequentemente estressado. Não vê as pessoas que ama tanto quanto gostaria e não está totalmente presente quando as vê. Já tentou várias técnicas de produtividade e nenhuma delas funcionou e se sedimentou. Está insatisfeito com o equilíbrio entre trabalho e vida pessoal. Está cansado. Suspeita que as redes sociais tiram mais de você do que oferecem, mas, ainda assim, desliza para o próximo post.

Desejava ter mais tempo.

Talvez você seja:

- um estudante lutando contra a procrastinação e tentando cumprir os prazos
- um freelancer equilibrando vários clientes, trabalhos, busca de novos trabalhos, desenvolvimento de novas habilidades, cobrança de faturas
- um trabalhador remoto gerenciando tanta liberdade e tantas escolhas
- um criativo precisando conciliar inspiração e expressão artística com bons resultados e prazos apertados
- um atleta, praticante de crossfit ou personal trainer organizando agendas de treinos e planos de dieta para si mesmo e seus clientes
- um pai ou mãe equilibrando trabalho, família e tudo mais
- um pai ou mãe solteiro(a) tendo que remar contra a maré aparentemente sozinho(a)
- um escritor sofrendo com bloqueio criativo
- um empreendedor tentando fazer a conta fechar enquanto coloca o negócio nos eixos
- um aposentado de repente com muito tempo, e não muito certo de como usá-lo
- um gerente de contas sentindo que não está dando atenção suficiente a nenhum de seus clientes
- alguém com traços ou um diagnóstico oficial de TDAH tendo dificuldades com foco e atenção.

Embora cada um de nós tenha um histórico, personalidades e neurobiologias diferentes, a receita da modernidade para a globalização, digitalização e interconectividade de certa forma limitou e homogeneizou a experiência humana. Vivemos vidas muito semelhantes e sofremos de maneiras similares.

Todos nós poderíamos nos beneficiar de um pouco de orientação. Todos gostaríamos de ter um acesso constante à melhor versão de nós mesmos. Todos gostaríamos de desenvolver hábitos melhores. Todos gostaríamos de adaptar nossas atuais maneiras de trabalhar e viver, em vez de fazer mudanças radicais. Todos gostaríamos de uma maneira simples de fazer tudo isso acontecer.

É por isso que este livro é para você.

Como usar este livro

O livro é composto por quatro partes:

- **PARTE UM — ACREDITAR** é sobre desenvolver a convicção de que o timeboxing faz sentido para você, que funciona e que seus benefícios são capazes de mudar sua vida.
- **PARTE DOIS — PLANEJAR** ajuda você a escolher e criar os timeboxes certos, geralmente na noite ou na manhã antes do dia em que você utilizará o timeboxing. Enfatiza os cruciais 15 minutos que determinam as próximas 15 horas.
- **PARTE TRÊS — FAZER** é para quando você está nos próprios timeboxes durante um dia de trabalho e de vida muitas vezes imprevisível.
- **PARTE QUATRO — ADOTAR** incentiva você a tornar o timeboxing um hábito permanente, que se adapte a você para cada terço da sua vida: trabalho, lazer e sono. Esta parte é destinada a garantir que o timeboxing funcione para você ao longo de anos e décadas, não apenas meses.

O timeboxing é tanto uma mentalidade quanto um método. Será preciso reconhecer a importância de gerenciar o tempo, que você realmente pode mudar seu comportamento e que existem muitos benefícios no timeboxing. Esta é outra maneira de dizer que desenvolver uma atitude positiva e uma crença no que você está fazendo é uma parte crucial para fazer com que o timeboxing (e, de fato, qualquer outra mudança comportamental importante) funcione. PARTE UM — ACREDITAR vai ajudá-lo a desenvolver tal mentalidade. Assim que você estiver com a mentalidade correta, precisará de uma explicação simples e clara do que fazer, dos passos a seguir. PLANEJAR e FAZER irão mostrar exatamente tal método. Finalmente, em ADOTAR, sua mentalidade evoluirá da mera adoção para a adaptação, e o método se tornará seu à medida que você aprende a personalizar o timeboxing para suas exigências particulares em constante mudança.

O livro é escrito e projetado para ser pragmático. Os capítulos são curtos e acessíveis: com uma média de menos de 2.000 palavras, a maioria pode ser lida por quase qualquer pessoa em menos de 10 minutos. Tais pequenos intervalos de tempo são facilmente encontrados ou criados até mesmo nas agendas mais cheias. E há algo motivante, não é verdade, no ímpeto de terminar um capítulo após o outro? Pode ser atraente para você que os 24 capítulos deste livro possam ser facilmente lidos em um único mês ao custo de alguns minutos por dia. Cada capítulo vem com uma infusão pedagógica de metadados para ajudá-lo a tirar o máximo proveito. No início: palavras-chave e uma citação para abrir sua mente e prepará-lo para o que está por vir. No final: duas listas, uma para recapitular e revisar e outra para incentivar a reflexão pessoal sobre aspectos do material.

Faça o timeboxing enquanto lê. Você obterá mais benefícios deste livro e do timeboxing em geral se combinar teoria com prática. No início, os timeboxes não vão ficar perfeitos: grandes demais, pequenos demais, muitos, poucos. Você pode se sentir inseguro. Mas logo você terá domínio do método e seus timeboxes melhorarão mais rápido se você praticar conforme aprende e aprender conforme pratica. O *Capítulo 14 — Este exato capítulo* é explicitamente dedicado a isso, mas eu encorajo você a começar a experimentar logo agora. Você perceberá mais rápido o que acha difícil e poderá procurar suas respostas no texto. Ficará imerso. Não é preciso nenhum equipamento sofisticado, ou a ajuda de alguém, para começar com o timeboxing. Há um guia rápido no Capítulo 1. A contagem de palavras e o tempo estimado de leitura no início de cada capítulo tornam o timeboxing deste livro ainda mais fácil. Não tem desculpa para não fazer! Você pode até optar, agora mesmo, por fazer um timebox para a leitura do primeiro capítulo, que está a menos de 2 minutos de distância. E se estiver resistindo a essa sugestão... ao menos perceba que está e pergunte-se por quê.

À medida que você começar a ler, adotar e aplicar a mentalidade e o método do timeboxing, notará uma série de mudanças. Vai se sentir mais no controle de seu trabalho. De maneira geral, desenvolverá um senso maior de autonomia. Ficará melhor em estimar quanto tempo seu trabalho levará. Sempre terá uma resposta para a pergunta "O que eu deveria fazer agora?". Passará menos tempo em atividades vazias que não importam e em comportamentos compulsivos que lhe fazem mal, pois estará agindo mais de acordo com suas verdadeiras intenções, concebidas quando estava pensando clara e calmamente. Usará o tempo que antes desperdiçava em uma ou duas atividades que importam: algum idioma útil, um instrumento musical há muito esquecido, uma habilidade há muito cobiçada, um jardim abandonado, um relacionamento negligenciado. Seus fins de semana e suas férias se tornarão o que você pretende que sejam. Você pode até perceber que está falando sobre timeboxing com a família, amigos e mesmo com estranhos. Passará muito menos tempo lamentando como escolheu gastar seu tempo. E, aos poucos, ganhos de curto prazo se acumularão em mudanças positivas e duradouras na vida.

Você alcançará a excelência no timeboxing muito mais rápido que eu. Os 10 anos de benefícios que descobri por meio de tentativa e erro podem ser seus em menos de 1 mês. Melhor ainda, você desenvolverá sua própria versão do método, personalizada para o seu contexto e sua vida.

■ ■ ■ ■

Eu administro um negócio na área de tecnologia,[5] que, junto às demais exigências da minha vida, é tão consistentemente exaustivo quanto é recompensador. O timeboxing me permitiu manter um bom nível de controle sobre tudo. Ele me ajuda a escolher o que devo priorizar e como manter o foco nisso. No meio do caos do dia e do chamado de inúmeros deveres, há uma calma tranquilizadora, um *poder*, em voltar a fazer uma coisa de cada vez.

Acredito que o método seja natural e acessível, podendo ajudá-lo a fazer mais, sentir-se melhor e viver a vida que escolher viver. Espero que o timeboxing seja para você o que se tornou para mim: um guia transformador e vitalício que trouxe a paz e a produtividade tão necessárias para uma vida apressada e desordenada.

PARTE UM — ACREDITAR

A primeira parte deste livro é sobre entender o que é o timeboxing e desenvolver a convicção e a motivação para mudar o que você decide fazer e quando fazer. Em breve, entenderá os diversos e ótimos benefícios do timeboxing e poderá considerá-los no contexto da sua própria vida.

Pensam com o relógio na mão enquanto almoçam tendo os olhos voltados para os boletins da bolsa – vivem como alguém que a todo instante poderia "perder algo".

— Friedrich Nietzsche

1. Timeboxing é a resposta

Palavras-chave:	Definição; exausto; medo de ficar de fora (FOMO, na sigla em inglês); autonomia; intenção; método; mentalidade
Contagem de palavras:	2.421
Tempo de leitura:	12 minutos

O que é o timeboxing?

O timeboxing é frequentemente confundido com as abordagens semelhantes de gestão do tempo, como time-blocking, agendamento, planejamento diário, fazer uma coisa de cada vez, gestão de calendário e cronogramas.

Definições diversas, inconsistentes e sobrepostas de timeboxing não são adequadas para um livro sobre o tema. São insatisfatórias coletiva e individualmente. Proponho que timeboxing é o método e a mentalidade de:

Selecionar o que fazer antes que as distrações do dia surjam; colocar cada tarefa em um calendário, incluindo quando começará e terminará; focar uma coisa de cada vez; fazer cada uma em um padrão aceitável (em vez de perfeito).

Esta definição acomoda os elementos mais importantes da prática: intenção, foco, progresso, ordem, conclusão e a criação do próprio timebox. Também levanta um ponto importante sobre o dever de delimitar o tempo quando, e somente quando, tivermos os meios para fazê-lo. Todas as regras que criamos como uma sociedade civilizada (leis, convenções de linguagens de programação, políticas domésticas) são exemplos de tomar um conjunto de decisões logo no início, em um momento de ponderação e com o cérebro descansado (muitas vezes por um comitê nomeado cuidadosamente), para ajudar a tornar a vida mais fácil no longo prazo. Timeboxing aplica esse princípio a uma circunstância especial e específica: você.

Embora não seja bem uma definição, uma maneira alternativa e útil de pensar sobre timeboxing é como uma síntese de sua lista de tarefas e de seu calendário. A lista de tarefas nos diz o que fazer. O calendário nos diz quando fazê-lo. A combinação é muito mais prontamente acionável e útil do que qualquer um deles por si só.

Também vale a pena distinguir timeboxing de time-blocking. Time-blocking é o ato de criar um intervalo de tempo para fazer algo. Timeboxing é time-blocking + o *compromisso de concluir a tarefa a tempo* dentro do intervalo de tempo. Em outras palavras, time-blocking é sobre foco exclusivo; timeboxing é foco exclusivo + o resultado determinado.

Qual problema isso resolve?

O problema é que não usamos bem nosso tempo. Procrastinamos. Fazemos menos do que deveríamos. Não nos sentimos livres mesmo em nosso tempo livre. Nós nos comprometemos com coisas demais. Ficamos ansiosos. A maioria de nós exibe muitas das características listadas na Introdução.

Hoje em dia temos dificuldade em fazer bom uso de nosso tempo, especialmente porque:

- O trabalho de conhecimento é interminável.
- Estamos constantemente diante de muitas escolhas. Essas opções trazem uma pressão desagradável para tomar uma decisão acertada. E a maioria das opções é lixo; a abundância de escolhas vem de uma abundância de lixo.
- Desenvolvemos um medo de ficar de fora de algo (FOMO), que vem de uma consciência aumentada do que está acontecendo em outro lugar, em grande parte alimentada por feeds de redes sociais.

- O controle é cedido a algoritmos e a outras pessoas. Perdemos muito da nossa liberdade, da nossa autonomia.[6]
- Não temos muito tempo na Terra: apenas quatro mil semanas, como Oliver Burkeman pontuou. E temos muito menos para certas oportunidades especiais e limitadas, como tempo com avós, netos, nossos queridos pais idosos, nossos melhores amigos.

Mas a questão sobre o que deveríamos fazer a cada momento é constante. A filosofia tem lidado com isso ao longo dos séculos, desde a *ética* de Platão até o *imperativo hipotético*[7] de Kant e os existencialistas se perguntando sobre o propósito de estar aqui e o que fazer enquanto estamos. A questão também permeia a ficção. Considere o dilema e o comportamento de Meursault, de Camus (*O estrangeiro*), *O homem dos dados*, de George Cockcroft, ou Didi e Gogo em *Esperando Godot*, de Beckett.

Há uma lógica simples e convincente na ideia de que nossas vidas são a soma cumulativa de nossas experiências e que, como uma espécie inteligente dotada de livre-arbítrio, podemos, em grande medida, escolher essas experiências. Escolha bem e viva uma boa vida. Escolha mal e não será o caso. O problema é que muitas vezes escolhemos mal. O problema é que não vivemos uma vida tão boa quanto poderíamos.

As características que tornam o timeboxing excepcional

Algumas das características do timeboxing demonstram suas forças inerentes como mentalidade e como método.

Para ser claro, características são os traços específicos do método: o que ele *é*. Benefícios, por outro lado, são as maneiras pelas quais o método vai melhorar sua vida. Em termos comerciais: características informam, benefícios vendem. Este capítulo é sobre as características do timeboxing, enquanto o restante desta parte do livro foca as evidências de que funciona (veja *Capítulo 2 — Timeboxing funciona)* e nos benefícios que traz aos seus adeptos (veja capítulos 3-8).

O timeboxing é **lógico**. Decidimos sistematicamente sobre os aspectos mais importantes de nossas vidas, então os priorizamos e lhes damos a devida atenção. Ao fazermos isso, garantimos que nossa sucessão de experiências, nosso uso do tempo, seja sistematicamente otimizado hora a hora e dia a dia. Para aqueles de nós que usam o método, a questão é: como alguém pode *não* o usar?

O timeboxing é **natural**. Especificamente, é uma *extensão* natural do que já fazemos. Cerca de metade de nossas vidas profissionais (reuniões, deslocamentos, sessões de trabalho em equipe) e parte de nosso tempo livre (uma aula de direção, uma sessão de cinema, uma massagem, uma reserva em restaurante) têm horário pré-agendado com início e fim. Digamos que aproximadamente 4 horas do seu dia de trabalho e 2 horas do seu tempo livre já estão pré-agendadas: 6 horas no total. O timeboxing é simplesmente uma extensão disso e, portanto, deve parecer natural. A prática envolve olhar para o restante das suas horas do dia (com o exemplo dado, há por volta de 10 horas restantes) e incentiva você a decidir como parte desse tempo também poderia ser mais bem aproveitado. O hábito pode parecer menos assustador se você pensar que passará a usar o timeboxing em 8, 10 ou 12 horas no lugar das 6 atuais. Assim não vai parecer que você está partindo do zero. Considerando que você já pratica o timeboxing, pode usar seus sistemas e processos existentes, e ao longo do livro vamos revisar e tentar melhorá-los. Tudo isso para dizer que, ao contrário de muitos outros métodos de autoajuda, o timeboxing não é uma prática estranha precisando forçar seu caminho em uma vida já repleta de procedimentos e comportamentos estabelecidos.

O timeboxing é **acionável**. Adicione um único item ao seu calendário, defina uma duração apropriada e você já está pronto para começar. A abordagem aqui é pegar o método mais eficaz e focá-lo inteiramente, com total imersão, aprendendo na prática sempre que possível. Assim você dominará o método e o tornará seu.

O timeboxing é **complementar**. Existem muitas abordagens para a gestão do tempo. O timeboxing não é apenas compatível com elas, mas também é capaz de ajudar qualquer uma delas. Se adotou a Matriz de Eisenhower (categorizando tarefas em uma matriz 2 x 2 de importante X urgente), você pegaria os itens mais importantes e mais urgentes e os colocaria em seu calendário de timebox em uma data mais próxima. Se acredita em começar pelo mais difícil[8] (realizar as tarefas mais complexas primeiro), você pode colocar essas tarefas logo no início do seu calendário. Se pensa em priorizar rochas antes de pedregulhos e areia (que tarefas menores devem ser organizadas em torno de tarefas maiores), então encaixe-as de acordo, com as maiores primeiro. Se você segue a regra 80/20 (na qual 80% das consequências derivam de 20% das causas), se esforçará para identificar as poucas causas essenciais e as colocará em seu calendário à frente das muitas triviais. Se você costuma subdividir tarefas, faça isso criando um timebox para cada uma. Se considera seus níveis de energia como um grande fator na sua produtividade, então escolha fazer trabalho criativo, tarefas administrativas, refeições, exercícios e pausas nos momentos do dia que lhe convêm. Se a nutrição faz parte do seu plano de produtividade, o timeboxing vai providenciar lembretes dos lanches ou bebidas de que você precisa e quando precisa. Timeboxing é o amigo flexível de qualquer outra técnica de gestão do tempo: o um hábito para a todos governar.

(Mas observe que muitas dessas técnicas entram em conflito *entre si*: e se seus níveis de energia exigirem que você lide com tarefas maiores *mais tarde* no dia? E se a ordenação das tarefas por dificuldade não se alinhar perfeitamente — e, claro, com frequência não se alinhará — com uma ordenação por tamanho ou importância?)

O timeboxing é relativamente **desconhecido**. O público em geral pesquisa on-line por "timeboxing" muito menos do que por outras técnicas. Os termos "Matriz de Eisenhower" e "Técnica Pomodoro", por exemplo, são ambos pesquisados muitas vezes mais do que "timeboxing". Por enquanto, você estará em uma minoria relativamente pequena e especial de praticantes do timeboxing. O grupo de adeptos que veem e desfrutam dos benefícios está crescendo constantemente. E não é um daqueles segredos de teoria de jogos que devem ser mantidos por uma pequena minoria para preservar seu valor; timeboxing é uma maré que eleva todos os barcos. Na verdade, quanto mais pessoas usarem o timeboxing, maior a sincronização coletiva e a harmonia colaborativa (veja *Capítulo 6 — Para colaborar*).

Noções básicas de timeboxing para você começar imediatamente

Você obterá muito mais das páginas e capítulos a seguir se praticar o timeboxing enquanto os lê. Não posso condensar todos os benefícios, nuances, motivos e segredos sutis no primeiro capítulo. Mas aqui estão os conceitos mais básicos, para além da definição, para você se familiarizar e experimentar a partir de amanhã, ou mesmo hoje.

Você precisará da mentalidade certa. Precisará de uma atitude positiva e acreditar que isso pode realmente funcionar. O fato de você ter este livro em mãos e ter chegado até aqui sugere que está bem encaminhado neste aspecto. Saiba que os capítulos restantes na Parte Um fornecem muito mais evidências dos abrangentes benefícios do timeboxing.

Quanto ao método, há duas atividades que juntas constituem o timeboxing: planejamento e execução. Elas correspondem às Partes Dois e Três, respectivamente, deste livro. Aqui está o que você precisa fazer para cada uma.

Planejar (antes do dia)

- Defina um período de tempo (15 ou 30 minutos), antes que a correria do dia confunda sua mente e prejudique seu juízo, para decidir o que é mais importante e precisa ser feito.
- Marque um compromisso diário no calendário (de preferência digital) para esta sessão de planejamento logo no início da manhã (ou no fim da noite anterior). Programe o compromisso para se repetir automaticamente para que você nunca o esqueça.
- Reveja sua lista de tarefas. Se você não tem uma, comece! Listas de tarefas alimentam o timeboxing; quanto melhor sua lista de tarefas, melhor seu timeboxing.

- Selecione alguns dos itens mais importantes e urgentes dessa lista e adicione-os ao seu calendário. Faça a melhor estimativa que puder sobre quanto tempo cada tarefa levará. Não se preocupe, ainda, com a ordenação. Apenas coloque-as no calendário.
- Comece, cometa erros e aprenda rapidamente. No início, você com frequência subestimará ou superestimará quanto tempo as tarefas levam. Isso é normal.

Fazer (durante o dia)

- Comece no horário.
- Remova distrações, sendo a mais perigosa, de longe, o seu smartphone.
- Mantenha-se fiel ao plano. Não duvide de si mesmo e não comprometa sua decisão anterior. Exceto em caso de emergência, o que você pensou anteriormente no processo de planejamento, quando estava calmo e pensava com clareza, é melhor do que o que pode pensar em fazer de maneira reativa no turbilhão do dia.
- Termine no horário. Conclua as tarefas. Não permita que o perfeito seja inimigo do bom. Bom geralmente é suficiente.
- Procure compartilhar o que você fez assim que terminar cada timebox. Isso traz uma pressão útil para terminar e fazer com que esteja bom o suficiente para compartilhar com os outros. Você verá que este é um padrão importante a ser alcançado.
- Você se distrairá e sairá dos trilhos. Se prepare para isso. Quando acontecer, pratique voltar ao timebox (retorne ao calendário), à sua tarefa original. Com o tempo, suas distrações se tornarão menos frequentes e mais curtas.

Este tópico sobre o qual você está lendo, timeboxing, é perfeito para experimentação à medida que você prossegue. Todas as manhãs você acorda e tem uma nova chance de tentar usar o que aprendeu, ajustar, experimentar, questionar e torná-lo seu. Não perca esta oportunidade! Para facilitar, você pode tentar usar o timeboxing dia sim, dia não (segundas, quartas, sextas ou terças e quintas, por exemplo). Esse tipo de arranjo permitirá que você compare uma vida com timeboxing a uma vida sem. Espero que logo sinta o desejo de começar a usar o timeboxing até nos dias em que não o usava.

■ ■ ■ ■

Então, agora você deve ter clareza sobre o que é o timeboxing e suas características inovadoras, por assim dizer. E você teve vários incentivos fortes para usar o timeboxing conforme avança.

Nos próximos capítulos, veremos as evidências de que o timeboxing funciona, bem como alguns dos benefícios que trará para você. Espero e prevejo que a combinação dos pontos fortes inerentes ao timeboxing com seus benefícios abrangentes o convencerão de que este é um método muito especial. Não é apenas mais um truque de produtividade. Não é nem apenas uma das melhores técnicas de gestão de tempo. É a melhor técnica de gestão de tempo. Pode até ser a melhor maneira possível de você viver sua vida.

Revisão

- O problema que o timeboxing resolve é o mau uso do nosso tempo.
- Timeboxing é a prática de:
  - selecionar o que fazer antes que as distrações do dia surjam
  - especificar cada tarefa em um calendário incluindo quando começará e terminará
  - focar uma coisa de cada vez
  - fazer cada uma com um padrão aceitável (em vez de perfeito).
- Em certo sentido, timeboxing é a combinação da lista de tarefas com o calendário.
- Você será capaz de adotar a mentalidade e o método mais rapidamente, assim como obter muito mais deste livro, se praticá-lo enquanto lê.

Para refletir

- O que você pensava que era o timeboxing antes de decidir ler este livro?
- Escolha um dos seus outros métodos de produtividade. Como você o faria funcionar com o timeboxing?
- Quantas das 16 horas que passou acordado ontem você diria que gastou bem?
- Aqui está uma lista das 10 técnicas e dicas de gestão de tempo mais populares. Timeboxing se relaciona com todas as 10 em certa medida e está profundamente entrelaçado com 8 delas. Quais são essas 8?[9]
    - priorizar tarefas
    - criar uma lista de tarefas
    - usar um calendário
    - definir prazos
    - programar pausas
    - delegar tarefas
    - eliminar distrações
    - cronometrar seu tempo
    - dividir tarefas grandes
    - aproveitar a tecnologia.

Elaborar teorias antes de termos todas as evidências é um erro elementar. Enviesa o julgamento.

— Sherlock Holmes

2. Timeboxing funciona

Palavras-chave:	Confiança; credibilidade; prova; ciência; evidência; crença; intenção; objetivo; intenção de implementação; comprometimento
Contagem de palavras:	2.187
Tempo de leitura:	11 minutos

O timeboxing funciona. Acredito nisso porque já o vi funcionar para mim e para muitos outros. Como mencionei, você também precisará acreditar a fim de ter a motivação para tentar e, então, incorporá-lo à sua vida. Assim, vamos dedicar um capítulo e menos de 10 minutos para examinar as evidências e ver se isso o convence.

Ciência e intenções de implementação

A maioria das técnicas de gestão de tempo é baseada em palpites e intuições que ganharam força, em vez de ciência sólida. Timeboxing é baseado nos dois. Vários artigos científicos (liderados em grande parte por Peter Gollwitzer[10] nos anos 1990) indicam que estabelecer intenções de maneira consciente e com antecedência aumenta significativamente a probabilidade de alcançar um objetivo.

Gollwitzer introduziu o conceito de *intenção de implementação*: comprometimentos da forma "quando a situação X surgir, terei a resposta Y". São mais detalhadas e tangíveis do que a noção mais idealista de uma *intenção de objetivo* ("Pretendo alcançar X") e compõem os marcos que levam ao objetivo final. As intenções de implementação também são mais práticas e úteis, especificando o que precisa ser feito, assim como quando e onde ocorrerá.

Timeboxing é um tipo de intenção de implementação. O que, quando e onde são todos especificados por você ao fazer um timebox adequadamente. E um timebox planejado, se feito com cuidado, de forma intencional e não sob estresse, garantirá que sua conclusão contribua para a realização de um objetivo valioso. Dessa forma, vou associar o timeboxing ao conceito de intenção de implementação à medida que consideramos as evidências científicas para este último. Um calendário digital organizado com timeboxing fornece precisamente os estímulos digitais certos (o calendário sincronizado em vários dispositivos) para nós, trabalhadores de conhecimento modernos, alcançarmos nossos objetivos.

Quais, então, são as evidências para as intenções de implementação? Muitas. Múltiplos estudos independentes (referenciados no artigo de Gollwitzer) mostram que a inclusão de uma intenção de implementação melhora radicalmente os resultados:

- Em um estudo, um grupo de estudantes universitários foi questionado sobre os projetos que completariam durante um período de férias. Para os projetos difíceis, 67% dos participantes que haviam formado uma intenção de implementação foram bem-sucedidos, comparado com apenas 25% dos que não haviam.
- Em outra pesquisa com estudantes, os participantes foram instruídos a escrever um relatório sobre como passaram a véspera de Natal. Metade foi instruída a indicar no questionário quando e onde pretendiam escrever o relatório dentro do período de 48 horas (em outras palavras, fazer um timebox), enquanto a outra metade não recebeu essa direção. 75% daqueles solicitados a fazer um timebox da tarefa enviaram um relatório, enquanto apenas 33% daqueles sem a instrução o fizeram. Isso indica o efeito massivo de meramente *pedir* para alguém fazer um timebox. O efeito do timeboxing completo — selecionar e planejar o timebox *nós mesmos* — pode ser ainda maior.
- Em um campo totalmente diferente, um estudo considerou mulheres que estabeleceram o objetivo de realizar um autoexame de mama no mês seguinte. Entre as participantes que estabeleceram uma intenção de implementação, 100% realizaram o autoexame contra apenas 53% daquelas que não estabeleceram uma intenção.
- Resultados igualmente impressionantes foram encontrados entre populações vulneráveis — incluindo dependentes químicos em abs-

tinência, pacientes esquizofrênicos e pacientes com danos no lobo frontal — que conseguiram mostrar melhorias significativas nas taxas de recuperação ao estabelecer intenções de implementação.

- Um estudo de 2023[11] concluiu que as intenções de implementação são eficazes na redução de autolesão entre pessoas vulneráveis. Portanto, as intenções de implementação representam uma intervenção útil para reduzir a autolesão em situações críticas específicas.

Esses estudos não apenas corroboram o timeboxing. Eles quantificam o aumento: somos cerca de 2,5 vezes mais produtivos se estabelecermos uma intenção de implementação e um tempo específico para alcançá-la. Poucas, se é que alguma, outras técnicas de gestão de tempo foram corroboradas por múltiplas e independentes fontes de evidência científica.

Você já está fazendo

Eu afirmei no capítulo anterior que a maioria de nós já está praticando timeboxing de certa forma na medida que mantemos um calendário com compromissos agendados. Como vimos no Capítulo 1, isso significa que a prática nos parece *natural*. Isso também demonstra que o timeboxing funciona. Nós mesmos agendamos reuniões com um horário de início e fim e outros também nos convidam para as suas reuniões. Muitos de nós também reservam tempo para nossas próprias tarefas: colocamos fones de ouvido, saímos para caminhar ou levamos um laptop para um ambiente alternativo para fazer algo importante.

Portanto, embora possamos não estar praticando o timeboxing de forma consciente, frequente ou otimizada, estamos todos inegavelmente caminhando nessa direção. Não há possibilidade de optar por não participar. A prática de escolher agir de uma determinada maneira em um certo momento, muitas vezes em conjunto com outros, é fundamental demais para a forma como os seres humanos conduzem suas vidas no trabalho e fora dele. Não estaríamos todos fazendo isso se não funcionasse. Funciona. Fazer do timeboxing algo verdadeiramente intencional, no entanto, é a chave para o autocontrole e para a paz de espírito.

Além disso, há toda uma indústria construída em torno de fazer timeboxing para outras pessoas. Todos os dias, centenas de milhares,[12] se não milhões, de secretários realizam tarefas para seus gerentes ocupados. As tarefas centrais para todos os papéis de secretário executivo são: organizar e manter calendários, marcar compromissos e preparar os gerentes para reuniões. Conhecido também como timeboxing. Assistência deste tipo tem sido uma prática comum nos negócios pelas várias décadas em que o trabalho de conhecimento dominou o mundo. Seria mesmo concebível que centenas de milhares de pessoas (e agora agentes de inteligência artificial) estariam realizando esses deveres para seus chefes de alto escalão se não fossem, de fato, uma atividade valiosa?

Consenso de especialistas

Como vimos na Introdução, muitos gurus da produtividade apontam para o timeboxing, enquanto vários dos principais especialistas em produtividade defendem silenciosamente o método (embora usem nomes diferentes para ele).

Nos últimos anos, as grandes empresas de tecnologia perceberam e aderiram a essa tendência. O Google, por meio de seu recurso Estatísticas de Tempo, mostra aos usuários exatamente como estão gastando seu tempo. Da mesma forma, o Viva Insights, da Microsoft, oferece aos usuários múltiplas perspectivas sobre como estão alocando seu tempo durante o dia de trabalho com o objetivo de aumentar a produtividade e melhorar o bem-estar. Esses gigantes da tecnologia não estão sozinhos; várias plataformas menores e startups também se deram conta e estão capitalizando na oportunidade (mais no *Capítulo 23 — Ferramentas e tecnologia*).

Em um estudo meta-analítico[13] de dicas de produtividade realizado pela minha empresa, a Filtered, o timeboxing ficou no topo da lista de técnicas de produtividade recomendadas por especialistas:

1. Timeboxing
2. Priorizar
3. Dizer não
4. Se mexer!
5. Controlar seus dispositivos
6. Fazer pausas curtas
7. Listas de tarefas
8. Comer bem
9. Regra dos 2 minutos
10. Controlar suas redes sociais
11. Escolher quando verificar o e-mail
12. Organizar seu espaço de trabalho
13. Começar mais cedo
14. Respirar
15. Desativar alertas
16. Reuniões mais curtas
17. Bloqueadores de sites
18. Ferramentas de produtividade
19. Planejar com antecedência
20. Fazer uma coisa de cada vez
21. Sons e música
22. Colocar no papel
23. Subdividir tarefas
24. Regra 80/20
25. Ser autêntico
26. Evitar distrações visuais
27. Dormir
28. Conduzir bem as reuniões
29. Agrupar tarefas semelhantes
30. Menos reuniões
31. Focar os resultados
32. Lembrar que o perfeito é inimigo do bom
33. Delegar
34. Ignorar as notícias
35. Mudar de cenário
36. Pausas longas
37. Gerir o próprio tempo
38. Ser positivo
39. Fazer um acompanhamento após as reuniões
40. Uma pequena mudança
41. Seguir o fluxo
42. Beber água
43. Tomar café de maneira responsável
44. Tornar seu compromisso público
45. Reconhecer seu sucesso
46. Não reler e-mails
47. Ajudar os outros nas reuniões
48. Ser pontual
49. Livrar-se dos excessos
50. Trabalhar de casa
51. Procrastinação produtiva
52. Seu horário de ouro biológico
53. Encontrar tempo para si mesmo
54. Ser realista
55. Definir metas claras
56. Começar de imediato
57. Dispositivos em reuniões
58. Eliminar maus hábitos
59. Amar seu trabalho
60. Demonstrar compaixão
61. Focar o presente
62. Sistematizar
63. Começar e terminar no horário

64. Atenção com a ergonomia
65. Aproveitar seu tempo de trajeto
66. Desconectar-se
67. Funções em reuniões
68. Não fazer listas de tarefas
69. 10.000 horas
70. Encontrar horas perdidas
71. Metas de curto e longo prazo
72. Visualizar o sucesso
73. Recompensar-se
74. Rituais
75. As "9 Regras do E-mail", de Eric Schmidt
76. Ser flexível
77. Registrar todas as suas ideias
78. Assumir o controle quando puder
79. Fazer o trabalho ser divertido novamente
80. Luz natural
81. Aprender a digitar rapidamente
82. Ouvir de forma ativa
83. Caixa de entrada zerada
84. Correio de voz
85. Modelos
86. Fazer primeiro as tarefas difíceis
87. Fechar ciclos que estão abertos na sua cabeça
88. Lista de pendências
89. Dar menos prioridade para o não essencial
90. Responder até...
91. Controlar sua caixa de entrada
92. Usar uniforme
93. Definir prazos
94. Designar um "Delegado da Tarefa"
95. Gerenciador de senhas
96. Agendar "tempo de estresse"
97. Cinco metas
98. Converter e-mails em tarefas
99. Despertadores à moda antiga
100. Mascar chiclete

Perceba que muitos dos itens na lista têm uma relação recíproca com o timeboxing. Quantos você consegue identificar?

Um testemunho pessoal

Isso eu posso garantir. Tenho praticado timeboxing por 10 anos, tendo começado sem nenhum método bom, passando por listas de tarefas, um plano de trabalho diário e, finalmente, e mais satisfatoriamente, para o timeboxing.

São 10 anos de prática *intensa*. Em média, crio 15 timeboxes por dia útil e 5 nos fins de semana. Isso resulta em: 44 mil timeboxes, ou seja, tomei 44 mil decisões de que uma determinada tarefa/trabalho/atividade era a certa para um período específico e, na grande maioria das vezes, as completei. Foram muita prática e experiência para determinar o que funciona para mim. E funciona. Dito de outra forma, eu costumava me sentir muito menos seguro sobre o dia que estava por vir; era algo que *aconteceria comigo*. Agora, graças ao timeboxing, é mais como se eu *fizesse* acontecer o dia seguinte e os próximos. O sentimento positivo também funciona em retrospecto: após períodos em que pratiquei o timeboxing, me sinto feliz tanto pela realização da tarefa quanto pela satisfação de um plano sendo bem executado.

Enquanto pratico timeboxing, muitas vezes estou simultaneamente implementando alguns outros métodos de produtividade. Mantenho uma lista de tarefas ativa (e eu me oponho aos chamados para "eliminar a lista de tarefas" que continuam circulando — mais sobre isso no Capítulo 10). Observo meus próprios níveis de energia e reconheço que, sobretudo para as tarefas criativas ou intelectualmente desafiadoras, sou muito mais produtivo no início do dia. Desde que ouvi falar delas, fui influenciado tanto pela Regra 80/20 (também chamada de Princípio de Pareto, no qual a maioria dos efeitos deriva de um pequeno conjunto de causas: 20% dos autores resultam em 80% das vendas de livros, digamos) quanto pela Lei de Parkinson (o trabalho expande para preencher o tempo destinado à sua conclusão: se você se dá 2 horas para escrever um pequeno parágrafo, você usará todo esse tempo). O fato de todos esses métodos se encaixarem tão bem com o timeboxing fortalece minha resolução de continuar.

Algumas pessoas me consideram extremamente organizado, de uma forma até perturbadora (ao vislumbrar um dos meus dias com timeboxes para cada minuto, surge uma expressão de dor seguida por uma pergunta incrédula: "Como você consegue viver assim?"). Isso pode ser verdade, mas as pessoas tão organizadas não nasceram dessa forma. Elas desenvolveram e aperfeiçoaram um sistema de autogestão que funciona para elas. Com frequência — e mais frequentemente do que você pode imaginar, ou que elas mesmas percebam —, esse sistema é o timeboxing.

Ao longo da última década, discuti timeboxing com muitos colegas, clientes, amigos, até mesmo estranhos. Embora claramente investido na prática, gosto de pensar que permaneço aberto a ouvir uma objeção convincente.

Até agora não ouvi nenhuma. A objeção mais convincente, a meu ver, é que existem algumas situações para as quais o timeboxing não é bem adequado. E isso eu admito e até mesmo aceito (no *Capítulo 24 — Está funcionando*). Timeboxing, para mim, resistiu ao teste do tempo.

Mais recentemente, escrevi este livro. Quando o editor me procurou, eu já estava sobrecarregado, com uma família formada e um negócio em ascensão. A única maneira de encaixar outro grande projeto em minha vida era usar o timeboxing de forma ainda mais deliberada e hábil do que antes. De fato, alguns dos pontos mais sutis escritos nestas páginas foram aprimorados enquanto eu os escrevia — mais uma daquelas histórias que cresceram ao serem contadas.

Espero que você esteja se convencendo. A plena convicção só será alcançada à medida que você começar a preencher seu próprio calendário com seus eventos/intenções de implementação/timeboxes. Estes dois primeiros capítulos descreveram o problema que enfrentamos, a solução que o timeboxing oferece e as evidências de que funciona. Nos próximos seis, abordaremos os benefícios mais importantes do método, apresentados em uma estrutura passado – presente – futuro.

Revisão

- As evidências de que o timeboxing funciona vêm de múltiplas fontes.
- Timeboxing é uma forma de intenção de implementação (quando a situação X surgir, vou responder da forma Y), um método para o qual existe muita evidência científica.
- Todos nós já praticamos timeboxing de certa forma.
- Muitos dos principais especialistas em produtividade com distintas visões de mundo concordam que o timeboxing funciona.

Para refletir

- Pense em alguma situação em que você viu evidências que mudaram sua opinião sobre uma questão importante. O que o convenceu?
- Faça agora uma intenção de implementação.
- Há tipos de evidências apresentadas neste capítulo de que o timeboxing funciona. Qual é a mais persuasiva para você? Por quê?

*A psicologia cognitiva nos diz que a mente humana,
sem assistência, é vulnerável a muitas falácias e ilusões devido
à sua dependência de uma memória de anedotas vívidas,
em vez de estatísticas sistemáticas.*

- Steven Pinker

3. Para ficar registrado

Palavras-chave:	História; relatório; registro; memória; busca; reflexão; aprendizado; autoconhecimento; autoconsciência
Contagem de palavras:	1.324
Tempo de leitura:	7 minutos

O primeiro benefício do timeboxing é sobre o passado: o seu passado.

Desde o advento da internet, temos mantido um registro de nossas vidas cotidianas na forma de nosso histórico de pesquisas e postagens em redes sociais. Infelizmente, o principal beneficiário desse registro tem sido as grandes empresas de tecnologia (Alphabet [Google], Amazon, Apple, Meta [Facebook] e Microsoft), em vez de você. O timeboxing permite, finalmente, que você crie um registro de grande utilidade exclusivo para você.

Um calendário feito com timeboxing é um registro do que você fez por boa parte — talvez até a maior parte — do seu dia. Para reaproveitar o discurso de Lincoln em Gettysburg, é sobre você, por você e para você. Essas informações podem ser inestimáveis de várias maneiras.

Memória

O que você estava fazendo na última terça-feira à tarde? Quando foi a última vez que falou com aquele velho amigo da escola que quase não vê? Por quanto tempo tem feito reuniões semanais de equipe? Quanto tempo faz desde que se deparou com aquela promissora oportunidade de vendas?

É alarmante quão rapidamente esquecemos o que fazemos. Muitos de nós lutamos para lembrar o que fizemos algumas horas atrás, imagina no dia ou na semana anterior. Isso pode ser uma consequência de encher nossas vidas com tanto conteúdo que há coisas demais para lembrar e pouca capacidade mental restante para fazer.

Bem, o timeboxing oferece uma resposta para isso. É um acervo pesquisável de todas as coisas que você escolheu registrar. No meu caso, sou capaz de recuperar informações sobre a vasta maioria da minha vida na última década. Às vezes, isso será uma informação específica (um nome, um número de telefone, "eu fiz aquela coisa ou não?") e, às vezes, o timebox relevante trará à tona todo um conjunto de ricas memórias sobre um evento ou atividade passada. De qualquer forma, um registro de timeboxing para pronta referência tem usos tangíveis.

Tal informação pode ser inestimável quando você está em modo defensivo. Suponha que haja uma situação difícil no trabalho e você precise ser capaz de mostrar o que fez e quando. Um calendário com timeboxing tem todos os registros relevantes para que você responda sem dúvidas e sem demora.

Um registro também pode nos ajudar a gerenciar nossa saúde. Saber quando você caiu, quando começou a tomar o medicamento ou quando viu aquele especialista pela última vez pode ser, em certas circunstâncias, um salva-vidas (ou ao menos um catalizador do bem-estar). Vale a pena marcar esses incidentes, acidentes e compromissos em seu calendário.

Mas é muito mais comum e provável que um registro de timeboxing traga recompensas *positivas*. Aqui está um exemplo. Você tem uma reunião se aproximando com alguém que não vê há bastante tempo. Você suspeita que tem algumas anotações úteis feitas no papel durante a última reunião com essa pessoa, mas não consegue encontrá-las porque não se lembra de quando ocorreu a reunião. Bem, um calendário com timeboxing permite que você descubra, por meio de uma simples busca por nome ou e-mail, quando foi a reunião. Dessa forma, poderá rastrear a sua anotação com base em sua data.

Uma semana sem timeboxing: apenas reuniões

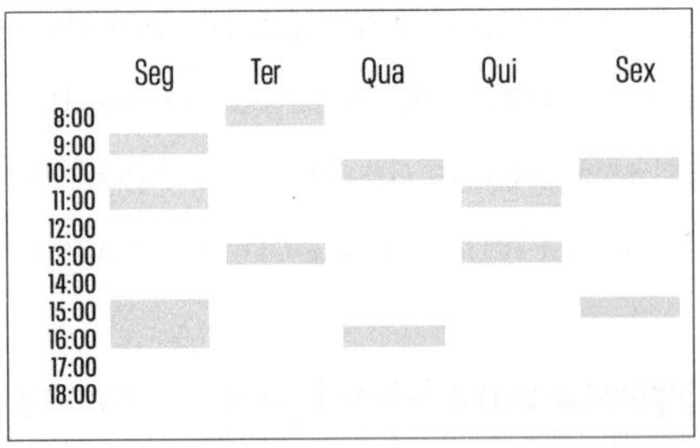

Uma semana com timeboxing: um tesouro de memórias

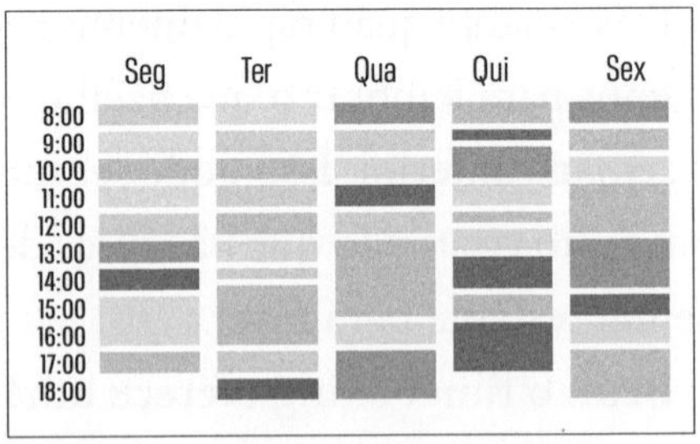

Você pode facilmente aprimorar ainda mais sua capacidade de busca, especialmente se for consistente com os termos que usa nos títulos nas descrições de seus timeboxes (talvez até seguindo a convenção de hashtags). Nesse caso, uma simples busca em seu calendário lhe dirá quando e com que frequência você estava envolvido em #vendas, #família, #meditação, #reunião etc. Mais sobre isso no *Capítulo 11 - Criação de timeboxes.*

Motivação

Timeboxing fornece um registro do que você fez — suas conquistas. Isso pode motivá-lo a fazer ainda mais. Alguns gostam de adicionar um emoji de sinal de verificação (✓) às tarefas do calendário conforme as completam. A onda de dopamina que isso pode gerar é recompensadora e nos motiva a fazer novamente. É uma experiência tão positiva que criar timeboxes após o fato (entre 9:00 e 9:30 eu fiz isso, das 10:00 às 11:00 eu fiz aquilo etc.) muitas vezes vale a pena (e contribui, é claro, para o registro pesquisável). Vários especialistas em produtividade louvam as virtudes de manter uma "lista de concluídos". Bem, o timeboxing também satisfaz esse quesito. Mantendo um registro e, dessa forma, medindo nossas conquistas, obtemos uma recompensa imediata, um estímulo de dopamina que nos motiva a fazer de novo (isso, é claro, além dos benefícios maiores e de longo prazo que completar a tarefa traz).

Um mantra de alguns usuários mais assíduos do timeboxing é: "Se não está no calendário, não existe", ou seja, a menos que esteja em um timebox, é bem pouco provável que uma determinada atividade seja feita no futuro. Acho essa frase específica desagradável, mas também bastante persuasiva. E a lógica também é convincente olhando em retrospectiva: se um evento não foi registrado (em um calendário digital, por exemplo), ele realmente aconteceu? Independentemente de suas inclinações filosóficas,[14] eventos que não são nem registrados, nem lembrados, não existiram nem aconteceram de uma maneira que seja útil para alguém.

Outra perspectiva motivadora é que uma vida bem-registrada pode ser mais *agradável.* O físico e filósofo Sean Carroll, entre outros, argumentou[15] que, quanto mais memórias acumulamos, mais tempo parece ter passado.

Uma vida repleta de memórias, não apenas de atividades, pode parecer uma aventura mais plena, rica e recompensadora.

Autodesenvolvimento

Um calendário com timeboxing pode nos ajudar a refletir sobre como temos vivido nossas vidas. Pode nos ajudar a responder questões reflexivas potencialmente importantes, como:

- O que mais estava na minha cabeça no dia em que tomei aquela grande decisão?
- Tenho trabalhado demais?
- Dediquei tempo suficiente ao aspecto XYZ da minha vida?
- Quais bons ou maus hábitos são recorrentes e precisam ser trabalhados?
- Com que frequência e de que forma me permito prazeres?
- Quais foram meus momentos de maior orgulho recentemente?
- Dou atenção suficiente ao meu(inha) parceiro(a)?

Possivelmente, o dia em que você mais vai amar seu timebox é aquele em que for preencher sua avaliação de desempenho com tudo que alcançou nos últimos 12 meses. O simples ato de incluir a hashtag #revisão (por exemplo) nos timeboxes relevantes conforme você avança tornará sua vida incrivelmente mais fácil e evitará que você esqueça as conquistas importantes.

Claro, muito do material registrado em timeboxes no seu calendário será rotineiro (então, pense em como animá-lo: observações para o seu eu do futuro, piadas, títulos cativantes etc.). Mas também há valor no rotineiro; como diz o romancista Ian McEwan, "as banalidades começam a brilhar transcorridos muitos anos".[16]

Economia

Talvez você já mantenha outros registros escritos. Um diário,[17] um bullet journal, anotações e até e-mails registram atividades à sua maneira. Mas o timeboxing é especialmente econômico. Leva apenas alguns segundos para criar um timebox básico e operativo. E não é apenas rápido, também é fácil, considerando que quase todos nós já usamos um calendário digital.

■ ■ ■ ■

Um registro pessoal do que você fez e quando o fez é útil e realista. Também pode fornecer insights sobre você e os outros. É privado e íntimo, então mantenha-o para você e por você.

Revisão

- O timeboxing cria um registro pesquisável do que você fez.
- Pode ser usado para:
  - recuperar informações e refrescar sua memória
  - ganhar crédito pelo que fez e motivá-lo a perseverar
  - permitir que você reflita e cresça.

Para refletir

- Escolha uma das sete perguntas de autodesenvolvimento deste capítulo, uma que lhe pareça particularmente relevante. Veja se consegue descobrir uma nova verdade sobre si mesmo.
- Você já teve uma situação no trabalho em que desejou ter um meio melhor de lembrar o que aconteceu em determinado dia?
- O que você estava fazendo a esta hora ontem? Feche os olhos e apenas tente lembrar sem ajuda. Observe o que sua mente traz à tona enquanto você tenta extrair essa informação específica.
- O que você estava fazendo a esta hora na semana passada? Novamente, feche os olhos e apenas tente lembrar sem ajuda. E, novamente, observe o que sua mente traz à tona enquanto você tenta extrair essa informação específica.

Sou meu próprio santuário e posso renascer quantas vezes quiser ao longo da vida.

— Lady Gaga

4. Para serenidade

Palavras-chave:	Estresse; preocupação; sobrecarga; sofrimento; autonomia; controle; satisfação; felicidade; iluminação; libertação; paz; santuário
Contagem de palavras:	1.479
Tempo de leitura:	7 minutos

O timeboxing pode fazer você se sentir menos estressado e mais no controle. Pode libertá-lo. O principal benefício do timeboxing, para mim, está neste capítulo. O ganho mais substancial a ser obtido, na minha opinião, está no bem-estar mental, à frente até mesmo dos ganhos de produtividade. Este capítulo é sobre as vantagens emocionais e psicológicas do timeboxing.

Concordamos que os trabalhadores de conhecimento modernos estão ansiosos e sobrecarregados. As estatísticas também corroboram isso: estima-se que 15% dos adultos que trabalham tenham um distúrbio mental; globalmente, o equivalente a 12 bilhões de dias de trabalho são perdidos todos os anos devido à depressão e à ansiedade, o que custa 1 trilhão de dólares em produtividade perdida.[18]

Ao nos guiar a uma única atividade por vez em meio ao caos do dia e às mil outras coisas que poderíamos fazer, o timeboxing nos mantém focados e centrados. Conforme as distrações aumentam — e isso é especialmente verdadeiro para as mensagens recebidas —, seu calendário de timeboxing pode se tornar um refúgio para encontrar consolo. Traz a tranquilidade de que o que você priorizou é o que deveria estar fazendo, e que é tudo o que você deveria estar fazendo naquele momento.

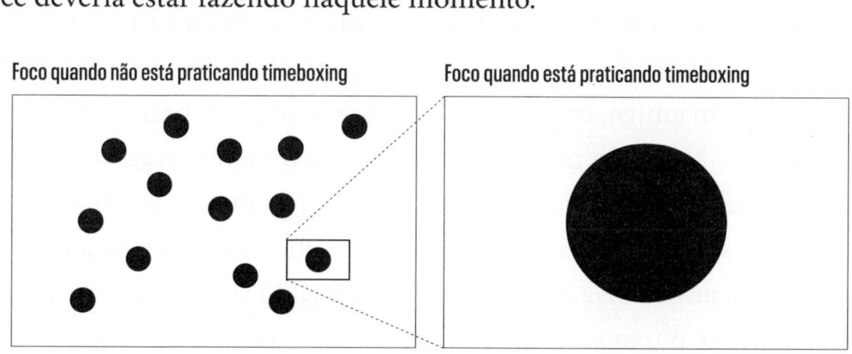

Sofra menos

Você é perfeccionista? Procrastinador? Não consegue dizer não? Faz várias coisas ao mesmo tempo? Se preocupa demais? Talvez você demonstre todos esses traços em momentos distintos. Quase todo mundo demonstra. Eu mesmo o faço. A modernidade, com sua vastidão tecnológica e interconectividade permanente, provoca esse tipo de característica e tendência. Infelizmente, todas essas tendências levam ao sofrimento. Felizmente, o timeboxing nos leva a outro lugar.

Na tentativa de alcançar o impossível, os perfeccionistas estão constantemente fazendo correções e experimentos, nunca satisfeitos o suficiente para deixar uma tarefa de lado. Prazos são, portanto, extrapolados e extensões são solicitadas. Por avaliarem seu próprio trabalho de forma severa e esperarem avaliações semelhantes dos outros, eles raramente se sentem satisfeitos. O timeboxing pode resgatar o perfeccionista ao desenhar essa linha com o contorno do timebox, insistindo que em um determinado momento algo *deve* ser entregue, passado adiante, compartilhado, enviado (veja *Capítulo 17 — Entregue algo*).

Os procrastinadores deixam as tarefas para o último minuto, apesar de saberem que fazer isso provavelmente acarretará consequências negativas. Isso geralmente leva a um resultado de qualidade inferior. Também está correlacionado com depressão, ansiedade e baixa autoestima.[19] O timeboxing pode ajudar pelo menos os procrastinadores leves a iniciar sua produtividade e começar seu trabalho mais cedo, em um horário pré-estabelecido. O Dr. Piers Steel, especialista na ciência da motivação, defende o estabelecimento de compromissos e o controle do ambiente — dois componentes-chave do timeboxing — para ajudar a quebrar a maldição do procrastinador.

Pessoas que não conseguem dizer não prometem demais para satisfazer alguém (um amigo, colega, membro da família, até mesmo estranhos) no momento. Mas, não muito depois, sofrem de uma carga de trabalho aumentada e pouco realista. Logo após isso, enfrentam a insatisfação e a decepção dos colegas. O timeboxing pode ajudar essas pessoas a dizerem não com uma justificativa apropriada e no momento certo fornecendo dados concretos sobre o tempo que realmente têm disponível. De fato, o pedido pode ser respondido até mesmo antes de ser feito se o calendário já estiver compartilhado (e com a data ocupada).

Algumas pessoas tentam fazer mais executando múltiplas tarefas ao mesmo tempo. Mas raramente conseguem. Isso não apenas impacta de maneira negativa o desempenho,[20] mas estudos também mostraram que faz as pessoas se sentirem menos positivas. Isso acontece o tempo todo: estamos procurando nossas chaves, mas um livro que uma vez tivemos a intenção de ler rouba nossa atenção; estamos enviando um e-mail para alguém e um e-mail isolado e irritante captura nossa atenção; estamos lendo uma das Crônicas de Nárnia para um filho e uma notificação do smartphone nos arranca daquele mundo. As medidas que evitam fazer várias tarefas ao mesmo tempo (como o agrupamento de e-mails: um período dedicado exclusivamente a trabalhar na sua caixa de entrada) apresentaram melhorias ao bem-estar.[21] O timeboxing, sendo um método em que se faz uma tarefa de cada vez, é uma boa maneira de evitar esse mau hábito. Sobre as nuances de fazer várias coisas ao mesmo tempo, veja o Capítulo 18.

Os preocupados, por definição, se preocupam e, portanto, sofrem. Mesmo quando os preocupados são produtivos — e muitas vezes são —, existem muitas e complexas consequências negativas para a saúde mental, tanto profissional quanto socialmente. O timeboxing não é uma solução milagrosa aqui, mas algumas pessoas que sofrem dessa aflição encontraram conforto ao agendar um tempo específico e dedicado para se preocupar.[22] Reserve um período para refletir sobre um problema e você pode acabar descobrindo que essa compartimentalização o libera para seguir em frente com o resto da vida antes e depois desse tempo. O timeboxing também é um meio muito pragmático de dar um pequeno passo em uma direção positiva quando estamos nos sentindo para baixo.

Aumente sua própria autonomia

Autonomia é a sensação de controle sobre suas ações e as consequências delas. Muita sabedoria antiga e moderna tem como lição focar as coisas que podemos controlar, em vez de tentar exercer uma influência mais ampla e se decepcionar quando falhar. O timeboxing é um meio pragmático de aplicar esse conselho.

Sendo uma sensação, a autonomia é difícil de quantificar e calibrar. Mas não é impossível. Um estudo com 36 mil pessoas de 33 países europeus concluiu que "tanto a escolha quanto as condições sociais que aumentam a oportunidade e a autonomia percebida de um indivíduo estão positivamente associadas com a satisfação de vida".[23] Faz sentido. Nossa espécie, tendo evoluído com base no princípio de que apenas os mais aptos sobrevivem, é programada para querer controlar seu ambiente, para sobreviver e prosperar. E faz sentido intuitivo também: quando me sinto no controle, me sinto mais feliz; quando não estou no controle, me sinto menos feliz. Como Jeff Bezos colocou: "O estresse vem principalmente de não agir quanto a algo sobre o qual você pode ter algum controle".[24] Aumentar a autonomia acrescenta ao nosso senso de bem-estar, e devemos a nós mesmos buscá-la.

O timeboxing tira você das agendas dos outros e o coloca na sua própria. Sua caixa de entrada é uma lista de pedidos e informações que outras pessoas decidiram colocar no seu prato. As reuniões para as quais você é convidado são para discutir as ideias, aspirações e planos de outras pessoas. As dezenas de notificações que você recebe todos os dias são intrusões de agentes externos (sejam elas automatizadas ou de pessoas). Nada disso é a *sua* agenda. Alguma coisa pode coincidir com ela, mas não foi programada para isso de maneira intencional. Somente você pode determinar o seu próprio caminho, e o timeboxing é o meio mais eficaz de fazer isso. Você quer que seu legado seja que você viveu sua vida à mercê dos outros? Bem, se escolher fazer o que importa para você quando bem entender, isso é viver nos próprios termos, é ter sua autonomia aumentada.

O timeboxing também proporciona o *tipo* certo de autonomia. Você escolhe o que fazer. E você faz essas escolhas quando está com a mentalidade certa para fazê-las. Deve ser uma sensação de controle maior e melhor se for sobre os tipos de ações que você considerou adequadamente na calmaria que vem antes da tempestade do dia, quando estava no seu melhor: tranquilo e sereno.

Liberte-se

O timeboxing pode ser libertador. Reduzir o estresse e aumentar a autonomia são igualmente importantes, mas mesmo os dois juntos não exaurem os benefícios do método. O timeboxing pode ser transformador. Ao dizer sim para uma coisa, você se alivia enormemente ao dizer não para mil outras. Ver e apreciar isso é extremamente esclarecedor e libertador.

O timeboxing pode até ser pensado e praticado como um guia de vida. É uma voz tranquilizadora (a sua própria) em que você pode confiar (o pensamento foi feito quando você estava lúcido), que o lembra do que deveria estar fazendo em qualquer momento do dia. Claro, ocasionalmente você vai se distrair e se desviar dessa voz. Mas você sabe onde ela está (a um clique de distância) e pode voltar para ela a qualquer momento, sempre que precisar. Essa voz é um poder maior secular, que pode estar com você por toda a sua vida, se você escolher buscá-la e ouvi-la.

Revisão

- O timeboxing ajuda com a saúde mental tanto quanto ajuda com a produtividade pessoal.
- Por meio do timeboxing, você escolhe exatamente o que quer fazer, em vez de estar à mercê dos outros.
- A experiência de dizer sim para uma coisa de cada vez e não para todo o resto naquele momento pode ser imensamente libertadora.

Para refletir

- É mais importante para você se *sentir* melhor ou ter um *desempenho* melhor?
- Quando você sente mais estresse? Anote algumas características dessas situações. É frequentemente quando várias coisas estão acontecendo com você ao mesmo tempo?

Esse meu cérebro é algo mais do que meramente mortal,
como o tempo vai mostrar.

— Ada Lovelace

5. Para pensar de forma mais inteligente

Palavras-chave:	Flow; capacidade; clareza; preparação; planejamento; epifania; insight; capacidade mental; trabalho profundo; lembrar
Contagem de palavras:	1.723
Tempo de leitura:	8 minutos

Para o bem ou para o mal, os seres humanos foram capazes de dominar o planeta Terra devido a seu poder cerebral. Nossa espécie é rotulada (claro, por nós mesmos) como *Homo sapiens* (significando sábio ou astuto). Nos tempos modernos, 1 bilhão de nós ganha a vida como trabalhadores do conhecimento e tomadores de decisão. Nos últimos anos, os livros voltados a ajudar os leitores a melhorarem seus processos mentais e tomarem decisões mais inteligentes e informadas em suas vidas pessoais e profissionais, ou *Smart Thinking*, se tornaram um gênero literário legítimo. Devemos levar o pensamento a sério e aproveitar ao máximo nosso maior presente — possivelmente a maior conquista da evolução.

Este capítulo é sobre como o timeboxing pode nos ajudar a pensar, viver e trabalhar de maneira mais inteligente, em vez de mais árdua. Trata-se de como aumentar a qualidade do que produzimos, em vez de aumentar a quantidade do que consumimos. No *Capítulo 7 — Para produtividade*, investigaremos como o método também nos ajuda a alcançar *mais*.

Pensar é uma daquelas atividades humanas que, embora imediatamente acessível a todos, é difícil de definir. Livros e vidas inteiras são dedicados ao assunto, então vou apenas traçar uma distinção aqui e, depois, propor dissolvê-la. De um lado, há *atividade cognitivamente exigente* e, do outro, há *pensamento*. Trabalho cognitivamente exigente — programação, escrita, design, edição, revisão — é algo mais ou menos específico e tende a ter um resultado explícito e previsto. Mas *pensar* é mais difuso e geral, tendo muitas variedades, incluindo, mas não se limitando a pensamento crítico, *design thinking*, resolução de problemas, pensamento analítico, pensamento estratégico e tomada de decisões. Mas, para os propósitos deste capítulo e deste livro, vou presumir que ambos os tipos de atividade mental são importantes e desejáveis. Dessa forma, pretendo argumentar que o timeboxing ajuda ambos.

Semeadura

A colheita não vai simplesmente acontecer. Não podemos esperar que toda a faísca criativa, a imaginação e a inspiração que precisaremos para uma tarefa venham até nós no período curto e delimitado que temos para isso: nosso timebox. Especialmente para tarefas criativas e difíceis, precisamos melhorar nossas chances ao colocar as mentes consciente e subconsciente para trabalhar bem antes de arregaçarmos as mangas, sentarmos e começarmos a trabalhar. Podemos, e devemos, preparar nossas mentes reunindo as informações relevantes, fatos, pensamentos dispersos, lembranças e anotações sobre o tópico. Feito isso, damos uma olhada neles, relaxamos e deixamos a mente subconsciente fazer o que quiser com o material.

Suponha que você precise escrever um plano de negócios na quinta-feira de manhã. Defina um timebox para revisar as informações que você tem (um rascunho atual, suas anotações, a instrução do seu chefe, alguma pesquisa secundária, o modelo de plano de negócios da sua empresa, aquele plano de negócios incrível que um colega escreveu e foi elogiado no mês passado, um esboço que uma IA tentou escrever) por meia hora na terça-feira à tarde. Depois, dê à sua mente essas 36 horas e duas noites de sono para conseguir processar tudo. Na quinta-feira de manhã, você escreverá um plano muito melhor e mais rápido.

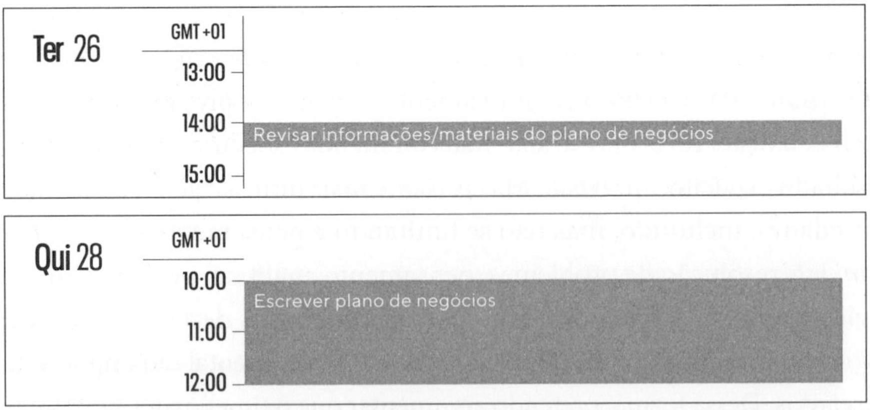

O timeboxing também pode nos tornar mais inteligentes nas reuniões. As reuniões formam cerca de um quinto[25] do nosso tempo. Quer gostemos ou não, elas vieram para ficar, então vamos melhorar nossa atuação nelas. Se você semear sua mente com as informações relevantes e, como regra, se preparar para todas as reuniões, então não só sempre *estará* preparado, mas também *parecerá* preparado e se destacará. Isso pode ser feito, por exemplo, definindo um timebox fixo de Preparação para Reuniões cada manhã (de 15 a 30 minutos para o bocado de reuniões que você tem naquele dia; claro, algumas reuniões importantes exigirão um tempo de preparação específico adicional). Você será um colega mais valioso, e isso trará recompensas em termos de suas ideias, contribuições e reputação.

Semear minha própria mente com ideias tem sido um dos princípios práticos com os quais consegui fazer coisas difíceis por uma década, incluindo, certamente, escrever este livro. Eu nunca me sento para escrever sem preparação. Simplesmente não confio que serei capaz de reunir as ideias e palavras certas. Em vez disso, defino múltiplas sessões curtas de timeboxing com antecedência. Nelas eu organizo minhas pesquisas e pensamentos, olho tudo em conjunto sem nenhuma pressão ou foco em particular. Depois, dou ao meu subconsciente um dia e uma noite para processar, e só então começo a escrever.

A arte do planejamento

O timeboxing é composto por duas atividades: planejamento (Parte Dois) e execução (Parte Três). Planejamento é o processo de decidir quais tarefas fazer, quão grandes elas são e quando fazê-las. Execução é o processo de realizar essa intenção dentro do timebox especificado.

Planejar é tanto uma tarefa cognitivamente exigente quanto um ato de pensar. É uma tomada de decisão importante. Se a fizermos mal, acabaremos gastando tempo em coisas de menor valor; desperdiçaremos nosso tempo. Os 15 minutos que podemos gastar configurando nossos timeboxes cada manhã afetam substancialmente as 15 horas seguintes que passamos na execução. São 15 minutos de tempo de planejamento para garantir que 15 horas de vida sejam vividas produtivamente, uma fatoração de 60 vezes. Portanto, é uma atividade crucial, que requer um ambiente tranquilo, calmo e silencioso para ser feita corretamente. Como a vingança, a produtividade é um prato que se serve frio.

Podemos pensar nos benefícios do planejamento por meio dos benefícios das regras. Como vimos no Capítulo 1, quando estabelecemos regras, tomamos algumas decisões importantes no início, que, sendo feitas em um período de calma e pelas pessoas certas, têm mais chances de serem boas decisões e boas regras. E como já decidimos sobre essas regras, não precisamos nos questionar o tempo todo ao longo do dia. Planejar um timebox é assim. Uma vez que você decidiu seus timeboxes nas melhores condições, você deve ter confiança de que as tarefas que definiu para aquele dia são realmente as melhores. Você também eliminou automaticamente aquela dúvida persistente sobre se deveria estar trabalhando em inúmeros outros afazeres em qualquer dado momento: você já decidiu. Nenhuma consideração adicional é necessária ou bem-vinda. E se a dúvida persistir, você sabe que basta voltar ao seu calendário com timeboxes para saber a palavra final. A vida é muito mais simples. Ao ler este capítulo, é bastante possível que você tenha pensado em mindfulness e meditação. Se sim, você vai gostar do Capítulo 20.

Ser brilhante

O timeboxing pode ajudá-lo a alcançar o auge de sua capacidade. Pode ser usado para criar as condições que você e seu cérebro precisam para estarem no seu melhor. Isso significa semear e planejar, como vimos acima, e também configurar seu ambiente físico corretamente (veja *Capítulo 9 — O básico*).

Se acertarmos tudo isso, de fato eliminaremos distrações e alcançaremos maior foco. Ao nos permitir focar uma atividade de cada vez, o timeboxing também eliminará o *estresse*, que já demonstrou reduzir o desempenho. O neurocientista Daniel Levitin nos lembra de que fazer muitas coisas ao mesmo tempo é estressante, conforme indicado pelo aumento da secreção de cortisol e adrenalina. Ele cita[26] pesquisas mostrando que as distrações nos custam aproximadamente 10 pontos de QI.

Mas ainda melhor, ocasionalmente o timeboxing ajuda a produzir níveis muito especiais de qualidade. Alcançar um estado de flow (o conceito introduzido por Csíkszentmihályi, um psicólogo húngaro) ou trabalho profundo (a ideia de Cal Newport) requer condições praticamente idênticas, todas fornecidas pelo timeboxing:

- foco inabalável
- um objetivo claro
- uma experiência imersiva durante a qual o tempo pode parecer distorcido
- o equilíbrio entre desafio e habilidade: a tarefa não deve ser nem muito fácil, nem muito difícil.

O timeboxing pode nos elevar a níveis mais altos de criatividade e brilhantismo que seriam difíceis de alcançar sem ele.

Encontrar informações, reunir insights

Somos mimados com tecnologia poderosa. A internet nos fornece uma quantidade quase infinita de informações. Smartphones colocam tudo ao nosso alcance a todo momento. As duas tecnologias, juntas, nos conectam com bilhões de outras pessoas (a maioria das pessoas no mundo agora possui um smartphone). Mais recentemente, os Modelos de Linguagem de Grande Escala (LLMs, na sigla em inglês) fornecem a capacidade de gerar textos relevantes e úteis para que possamos nos concentrar em tarefas mais humanas. Todas essas ferramentas servem para ampliar e aumentar a inteligência e a capacidade humanas.

Mas há uma fonte de informação específica, particularmente pertinente, a que esses vastos sistemas não têm acesso, na maior parte: nossas histórias pessoais. Como vimos no *Capítulo 3 — Para ficar registrado,* o registro pesquisável que o timeboxing fornece não é apenas um registro, mas também um meio de acessar nossas próprias memórias. Utilizar essa facilidade pode nos fazer não apenas *parecer* mais inteligentes do que aqueles que são menos sistemáticos, mas também realmente *pensar* de maneira mais inteligente (lembrar melhor, fazer conexões mais amplas, alcançar nosso potencial). Para ter uma ideia de quão relevante isso pode ser, dê uma olhada no seu histórico um pouco mais antigo de pesquisas no Google. Imagino que será surpreendente, motivante, intrigante, inspirador ou, ao menos, curioso.

■ ■ ■ ■

Fazer bons timeboxes é pensar de maneira mais inteligente. E pensar é muito do que significa ser humano. O que mais você poderia querer? Bem, talvez pensar de maneira mais inteligente junto com outras mentes.

Revisão

- O timeboxing pode ajudar tanto com trabalho cognitivamente exigente quanto com o pensamento em geral.
- Use o método para semear ideias antes de o trabalho precisar ser feito, ativando assim a mente subconsciente.
- Planejar os timeboxes é uma atividade de tomada de decisão importante com implicações significativas para a produtividade do restante do dia.
- Quando você está no timebox, fazendo-o, você tem a oportunidade de alcançar níveis excepcionais de clareza e profundidade.
- Se você fizer os timeboxes meticulosamente, terá um registro pesquisável de informações para apoiá-lo sempre que precisar relembrar um fato ou refrescar a memória. Pense de maneira mais inteligente ao lembrar melhor.

Para refletir

- Quando foi a última vez que você esteve em um estado de flow? O que te leva a um estado de flow?
- Qual foi o último momento de inspiração ou eureka que você teve? Você se lembra de quais circunstâncias ou condições ajudaram a facilitá-lo?
- Dê uma olhada no seu histórico de pesquisa on-line (para a maioria das pessoas, será o do Google) de alguns meses ou anos atrás. O que descobriu? Como isso te faz sentir? Há algo útil para você agora?

Um por todos, e todos por um.

— Alexandre Dumas

6. Para colaborar

Palavras-chave:	Harmonia; eficiência; social; transparência; confiança; coordenação; relacionamentos; trabalho em equipe
Contagem de palavras:	1.433
Tempo de leitura:	7 minutos

O timeboxing não é apenas sobre sua própria produtividade. Para a maioria de nós, a colaboração em equipes (dentro e fora da sua organização, com seus clientes e fornecedores, entre sua família e amigos) é uma parte essencial do trabalho moderno e da vida como um todo. O timeboxing também se adapta a essas dinâmicas.

Sou defensor do conceito de *harmonia produtiva*. A ideia é que interagir com os outros da maneira certa — de forma direta, proativa, sensível e positiva — é benéfico tanto para o motor quanto para o coração dos negócios e da vida doméstica. É muito mais eficiente que a comunicação seja direta e proativa. E as pessoas tendem a ser mais receptivas quando a interação é sensível e positiva. Dessa forma, fazemos muito para evitar o conflito desanimador que aflige tantos relacionamentos humanos, que induz ansiedade e destrói a produtividade. O timeboxing pode ajudar com esse aspecto suave, mas relevante, das coisas.

O tempo, com sua qualidade de sincronicidade, nos permite prosperar como criaturas sociais. Desfrutamos de eventos em conjunto, como partidas esportivas, shows, concertos, casamentos e, sim, até mesmo reuniões de negócios e milhões de outras ocasiões criadas por seres humanos com horários de início e (geralmente) de fim. O timeboxing promove ocasiões compartilhadas, de grande e pequena escala, ajudando-nos assim a prosperar.

O calendário digital compartilhado

Calendários compartilhados se tornaram um pilar da vida moderna. Apple, Google e Microsoft, em especial, entenderam que precisam fazer seus softwares de calendário se comunicarem uns com os outros. Hoje em dia é simples compartilhar um calendário com as pessoas que você quiser independentemente das tecnologias que escolham utilizar. Eles são visuais, intuitivos e acessíveis.

A maioria de nós usa um calendário digital (uma pesquisa[27] de 2018 estimou 70% dos adultos). Esse número provavelmente aumentou desde então.

Note que todos os benefícios descritos neste capítulo só serão aproveitados por aqueles que usam um calendário digital compartilhado. Um sistema baseado em papel (calendário, bloco de notas, até mesmo planejadores de timeboxing dedicados) fica na sua mesa e somente na sua mesa. Se você trabalha isoladamente, isso pode ser suficiente. Se você quer ou precisa colaborar, dê o pequeno passo para digitalizar este aspecto da sua vida. Compartilhar é se importar.

Como um relógio

Quando calendários compartilhados são bem utilizados, muito do potencial do timeboxing é liberado.

O posicionamento das tarefas em relação umas às outras se torna muito mais fácil. Por exemplo, se seu filho tem atividades após a escola e estas estão inseridas em um calendário familiar compartilhado, todos com acesso poderão coordenar as idas, as voltas e outras logísticas mais facilmente. A informação no calendário ajuda todos a poderem contribuir de uma maneira que funcione e marcar essa contribuição no calendário. O resultado é benéfico para os interesses compartilhados da família, bem como para relações familiares harmônicas. Claro, existem programas específicos (programas de gestão de tarefas) que lidam com isso de forma explícita e automática. Mas a maioria de nós não usa nenhum programa de gestão de tarefas e nenhum de nós usa o mesmo software em todos os diferentes grupos com os quais precisa colaborar (diferentes departamentos, amigos, família).

O timeboxing oferece a garantia de que o trabalho será feito. Suponha que você peça a alguém para fazer algo por você. Dar uma olhada em uma referência que você escreveu, por exemplo. Se a resposta for o curto, mas comum, “vou ver sim”, você pode se sentir mais ou menos seguro. Mas se a resposta for “Claro, agendei para cuidar disso na sexta-feira às 10h” e você puder até ver isso aparecer no calendário da pessoa, se sentirá totalmente seguro. Começará a apreciar esse colega e seus métodos de trabalho robustos e atenciosos. Quão mais fáceis poderiam ser as relações interpessoais e os compromissos se “timeboxing” se tornasse parte do vocabulário!

Pessoas de sua confiança podem até colocar itens como timeboxes no seu calendário se elas tiverem permissão para fazê-lo. Isso acontece com reuniões, e as tarefas no geral são uma extensão óbvia, fácil e natural disso. Para que tudo funcione facilmente, você precisa incluir a quantidade correta de informações e instruções no compromisso do calendário. Abordaremos isso no Capítulo 11.

Eu tenho mais um benefício para compartilhar e admito que alguns leitores não irão gostar. O efeito Hawthorne é o fenômeno de que as pessoas podem trabalhar melhor e de forma mais eficiente se souberem que estão sendo observadas. Bem, um calendário compartilhado é uma forma moderna de ser potencial e digitalmente observado por várias pessoas a qualquer momento. As pessoas podem ver o que você fez, o que está fazendo, o que e quando está planejando fazer. Isso torna o seu calendário uma espécie de dispositivo de compromisso. Pode ser uma maldição; mas, para muitos, a própria existência de tal compromisso público pode ajudar a superar a procrastinação e trazer os benefícios advindos de uma consciência limpa!

Construindo confiança

Calendários compartilhados não funcionarão em todas as situações. É preciso ter uma cultura de confiança junto com uma compreensão de privacidade e de configurações de privacidade. E, se isso for dentro da sua empresa, ajudará ter um departamento de TI prestativo.

“Transparência” é uma palavra da moda usada frequentemente de forma superficial, e a transparência total pode nem ser exatamente o que você está buscando. Antes de compartilhar seu calendário, tenha certeza do que você quer compartilhar e com quem. A maioria dos calendários digitais oferece uma gama de configurações de privacidade partindo do zero e passando por uma parcial (compromissos podem simplesmente indicar que você está ocupado) até uma divulgação completa. Você também pode escolher quais indivíduos ou equipes recebem quais configurações. Esteja ciente de que usuários com mais privilégios (gerentes, administradores, superadministradores) podem ser capazes de ver mais do que você deseja. Para se sentir totalmente confortável, pode ser uma boa ideia verificar as permissões pessoalmente. Pergunte a alguém de confiança o que ele vê quando olha para o seu calendário e confirme se é o que você esperava.

Há um equilíbrio a ser alcançado entre as configurações de privacidade e o gerenciamento do calendário. Se quiser incluir muitos detalhes pessoais e notas em seus compromissos, você pode precisar ser mais restrito com suas configurações. Por outro lado, se for menos comunicativo, pode ser mais relaxado com elas. Espero que não sinta a necessidade de configurar demais.

Aprofundando relações

No seu melhor, calendários compartilhados também podem construir e aprofundar relações. Isso não será para todos ou para todos os contextos; mas, se você estiver confortável com compartilhar ocasionalmente informações pessoais e não totalmente essenciais ao trabalho como timeboxes (um livro, uma natação, a hora de levar os filhos para a escola, uma aula de arte, uma ida ao cinema), pode chegar a conhecer melhor seus colegas de uma maneira fácil, informal, discreta e inesperada. Isso pode ser usado como quebra-gelo para uma primeira interação ou pode alimentar a próxima conversa. Compartilhamos tanto nas mídias sociais — geralmente sem questionar, às vezes de maneira imprudente —, por que não considerar compartilhar um pouco de detalhe escrito com um grupo muito menor, e presumivelmente mais confiável, por meio de um calendário compartilhado?

Com um calendário digital e um pouco de confiança, os benefícios colaborativos do timeboxing são enormes. Calendários digitais são fáceis de implementar, a confiança nem tanto. Mas a maioria das pessoas tem confiança suficiente naqueles ao seu redor para fazer o timeboxing funcionar.

Revisão

- O timeboxing aprimora a colaboração, assim como a sua própria produtividade.
- Um calendário digital compartilhado é a melhor ferramenta para aproveitar ao máximo o timeboxing.
- O timeboxing facilita o posicionamento estratégico de tarefas em relação umas às outras e fornece segurança entre colegas de que o trabalho será realizado.
- Pense sobre qual é o equilíbrio certo entre privacidade e conveniência com relação às suas configurações do calendário compartilhado. Você sente que pode colocar atividades pessoais lá?
- Incluir timeboxes pessoais no seu calendário pode ajudar a quebrar o gelo e construir relacionamentos.

Para refletir

- Em quantas pessoas no trabalho você confia completamente para saber o que está fazendo e quando? Pense em quem são elas.
- Pense em quem você não confia e por quê.
- Fora do trabalho, quem se beneficiaria de conhecer melhor a sua agenda? Pense em família próxima, família estendida, amigos, organizações de trabalho voluntário, vizinhos.
- Se você usa a frase "vou ver sim", considere mudá-la, pelo menos às vezes, para um timebox com "agendei para [hora]".
- Há muitas palavras e frases comuns e imprecisas acerca do tempo: logo, em breve, assim que possível, daqui a pouco, sem demora. Quais delas você usa? Uma linguagem mais precisa seria melhor em algumas situações?

Executivos eficazes diferem amplamente em suas personalidades, forças, fraquezas, valores e crenças. Tudo o que eles têm em comum é que fazem as coisas certas.

— Peter Drucker

7. Para produtividade

Palavras-chave:	Produtividade; priorizar; poucos e bons; 80/20; quantificar; várias tarefas ao mesmo tempo; distração; interrupção; redes sociais
Contagem de palavras:	1.841
Tempo de leitura:	9 minutos

Tornou-se brega falar sobre produtividade. Nos dias de hoje, a ideia está tingida com associações negativas como microgerenciamento, esforço dedicado em vão a tarefas sem fim e um desrespeito pelo equilíbrio entre trabalho, vida e bem-estar mental. Mas eu não tenho nenhum problema em afirmar e argumentar que a aspiração de alcançar mais ainda é relevante, importante e honrosa, tanto no trabalho quanto em casa. E o timeboxing nos ajuda a fazer isso.

Fazendo as escolhas certas

Como Drucker diz,[28] conseguimos fazer mais principalmente por focar as coisas certas. Focaremos as coisas certas se, quando escolhermos o que fazer, estivermos em um bom estado de espírito para fazê-lo, em vez de fatigados, distraídos ou angustiados. Dessa forma, nos dedicaremos mais ao que queremos e precisamos fazer em nossas vidas. Vamos nos dedicar muito menos ao que importa se, em vez disso, cairmos de paraquedas nas situações.

O timeboxing nos ajuda a lidar com a maioria dos tipos de tarefas. Tarefas urgentes com prazos iminentes são identificadas e priorizadas facilmente por meio do timeboxing. Atividades não urgentes, como aprendizado, também são abordadas, sendo atribuídas a timeboxes específicos quando o momento é oportuno, em vez de serem perpetuamente adiadas. Tarefas difíceis, muitas vezes evitadas de forma consciente ou inconsciente, são enfrentadas de forma direta nos momentos em que é mais provável que tenhamos a força para realizá-las. Tarefas fáceis, que individualmente podem parecer triviais demais para serem planejadas, podem ser agrupadas em um único timebox de tamanho e substância significativos. Tarefas inúteis e contraproducentes são reveladas pelo que são: como não merecendo um lugar em nosso calendário. Assim, estamos aptos e certos ao descartá-las.

Vamos também tentar quantificar o benefício aqui. Suponha que o valor de uma tarefa seja medido em uma escala de 1 a 10. E suponha que, quando você trabalha em tarefas apenas conforme elas surgem, o valor médio seja 6. Suponha ainda que, quando você escolhe tarefas com antecedência, o valor médio seja 8. Bem, isso é um aumento de 33% no valor. Esse aumento pode ser muito maior se assumirmos que a regra 80/20 se aplica ao trabalho de conhecimento. Um pequeno número de tarefas vitais pode muito bem contribuir com a maioria dos benefícios produtivos.

A tal lei de Parkinson

Podemos fazer mais ao inverter um antigo provérbio. A Lei de Parkinson[29] é a afirmação, feita de forma irônica, mas amplamente aceita, de que "o trabalho se expande para preencher o tempo alocado para sua conclusão". Se você tem 30 minutos para arrumar seu quarto, levará 30 minutos. Porém, se tem 60 minutos disponíveis, ainda assim levará 60 minutos. A perda de tempo descrita pela Lei de Parkinson é associada e explicada pela procrastinação. O timeboxing aproveita o lado oposto do provérbio: o trabalho se contrai para preencher o tempo alocado para sua conclusão. Então, se você reduzir o tempo alocado para um timebox, conseguirá fazer a mesma quantidade de trabalho. Parece um bom negócio.

Há estudos científicos que apoiam a ideia. Em um estudo,[30] alunos de graduação foram solicitados a julgar quatro conjuntos de fotos. Pouco antes de o experimento começar, um grupo foi informado que o quarto conjunto havia sido retirado. No entanto, eles levaram quase tanto tempo para completar o trabalho quanto seus colegas que estavam julgando quatro conjuntos. O trabalho de julgar três conjuntos de fotos se expandiu para preencher o tempo alocado para sua conclusão: "Sempre que o trabalho antecipado na próxima tarefa é diminuído ou, mais geralmente, surge um excesso de tempo, a delonga dos trabalhadores em sua tarefa atual pode levar a uma ineficiência substancial e custosa." Esse efeito foi replicado múltiplas vezes. Em outro estudo,[31] os participantes foram designados aleatoriamente a terem 5 ou 15 minutos para completar tarefas idênticas. Aqueles que receberam 15 minutos levaram consideravelmente mais tempo para terminar a tarefa. Um terceiro estudo[32] relatou que mais de um terço da variação nas notas dos exames finais poderia ser atribuído à procrastinação.

Existem, claro, limites para a tal lei. Você pode definir o limite de uma hora para escrever uma proposta de 10 mil palavras do zero, mas falhará. Timeboxing não é exatamente mágica. Os estudos mencionados acima geralmente reivindicam economias de tempo de um quarto até metade. Também existem estudos que sugerem que a qualidade é diminuída conforme o tempo alocado é reduzido. Um estudo[33] mais recente (2014) confirmou isso: "Alunos trabalhando sob pressão de tempo obtêm uma média de notas cerca de 3 pontos inferior à nota alcançada por alunos trabalhando na ausência de pressão de tempo."

Tudo isso parece plausível: tanto reduzirmos a intensidade dos nossos esforços com um prazo distante quanto fazermos isso apenas até certo ponto. Ainda assim, se pudermos extrair um terço a mais de produção do nosso tempo ao saber dessa tendência, vamos aproveitar.

Fazendo tudo a tempo

O timeboxing divide tarefas grandes em tarefas menores, mais manejáveis e de duração previsível. O método, portanto, permite que você veja todos os componentes de um projeto volumoso (mudar de casa, lançar um novo produto, organizar uma grande festa de aniversário). Isso ajuda a determinar se pode de fato ser feito no tempo disponível (ou se você precisa fazer uma organização alternativa). Também ajuda a garantir, se houver tempo suficiente, que as tarefas incluídas sejam todas concluídas antes do prazo.

Várias coisas ao mesmo tempo

Já cobrimos alguns dos impactos emocionais negativos de fazer várias coisas ao mesmo tempo no Capítulo 4. Mas isso também tem um efeito negativo e quantificável na produtividade.

Para a maioria das pessoas hoje, fazer várias coisas ao mesmo tempo significa tentar dar conta simultaneamente de notificações (em qualquer uma de suas formas) enquanto faz alguma outra tarefa. Ninguém realmente tenta escrever um relatório enquanto tem uma conversa ou analisa despesas enquanto faz uma apresentação. Softwares (Microsoft Teams, Slack, e-mail etc.) e hardwares modernos (laptops, tablets, smartphones, smartwatches etc.) trabalham juntos para entregar dezenas de notificações todos os dias. Essas notificações não são coordenadas de maneira útil com nossas outras tarefas e trabalhos. Portanto, a tentação de verificar quem enviou o que é real, constante e instintiva.

Geralmente somos mais produtivos ao executar uma tarefa de cada vez. Fazer mais de uma coisa e trocar de contexto *é* menos produtivo: um artigo de 2001 mostrou que o custo de fazer mais de uma coisa ao mesmo tempo e trocar de contexto era, para os negócios, de até 40% do tempo produtivo.[34] Fazer mais de uma coisa pode ser até perigoso em certos contextos, como enviar mensagens de texto e dirigir. Nos Estados Unidos, todos os anos mais de 3 mil mortes[35] resultam de direção distraída. E certas tarefas, para as quais a carga cognitiva é alta e cujo tempo exigido para retomar é longo (como ajudar uma criança a entender álgebra ou revisar um documento legal), são especialmente vulneráveis a interrupções e notificações. De fato, existem algumas raras combinações de tarefas que podem ser feitas simultaneamente de forma confiável, e abordaremos algumas delas no Capítulo 18. Mas, para a vasta maioria das atividades, o timeboxing elimina de maneira triunfal essa possibilidade declarando e impondo o poder de fazer uma coisa de cada vez.

Pequenos intervalos

Todos nós temos pequenos intervalos de tempo ao longo do dia. Enquanto esperamos o ônibus. No trajeto. Esperando um amigo nos encontrar em um café. Aquelas ocasiões abençoadas em que uma reunião termina cedo ou é cancelada. A maioria de nós permite que esses intervalos sejam preenchidos com algum tipo de tela. Recentemente, e de forma emergente, pegar nosso telefone tornou-se um comportamento padrão. Hoje, passamos mais de 2 horas por dia[36] em pequenas doses de conteúdo de redes sociais, consumido com uma conveniência quase perfeita em nossos smartphones. Nós rolamos e rolamos o feed, muitas vezes mesmo sem prazer algum; estamos viciados, em vez de entretidos.[37] Nossos intervalos de tempo são devorados em benefício das grandes empresas de tecnologia, mas não do nosso. Os minutos perdidos se acumulam em horas e mais horas. Imagine se usássemos parte desse tempo para empreendimentos mais valiosos. O timeboxing e o uso intencional desses pequenos e inesperados intervalos de tempo conforme ocorrem podem te dar uma hora extra de trabalho produtivo por dia.

Buracos sem fundo

O trabalho de conhecimento é interminável. Alguns especialistas em produtividade sugerem que a resposta correta para este fato é aceitá-lo e não pensar muito a respeito. Os e-mails são frequentemente apresentados como um exemplo disso: você recebe muitos e-mails, os responde, então recebe muitos outros de volta e é… interminável.

Isso não está exatamente correto. Embora seja provável que nunca chegaremos ao nosso último e-mail (neste sentido, é de fato interminável), muitas vezes há muito valor nas informações trocadas por e-mail. Embora você possa voltar para uma caixa de entrada mais cheia depois de ter enviado alguns e-mails, nesse meio-tempo seu projeto pode ter ficado mais próximo da conclusão, aquele acordo pode ter sido feito, o membro da sua equipe pode ter se sentido mais incluído, tudo como resultado dessa enxurrada de e-mails. Claro, você também precisa estabelecer controle sobre sua caixa de entrada e não deixar que ela o sobrecarregue emocionalmente ou interfira de forma indevida em outras responsabilidades. Existem maneiras de se proteger contra isso que abordaremos no *Capítulo 11 — Criação de timeboxes.*

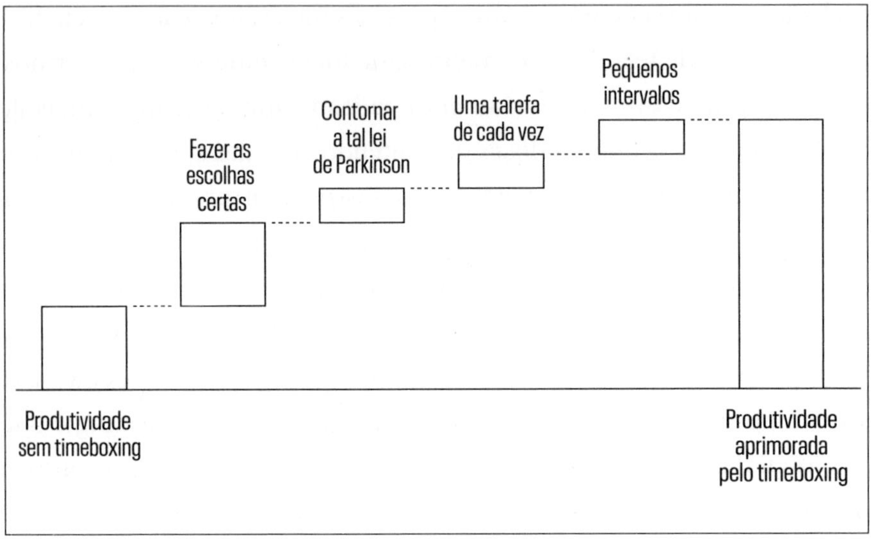

Se considerarmos todos os fatores adicionais em jogo — trabalhar nas coisas certas, extrair o máximo de cada timebox, substituir várias tarefas por uma coisa de cada vez e derivar valor de tarefas aparentemente intermináveis —, o aumento de produtividade será grande. (Interessante e coincidentemente, as pessoas que mediram e monitoraram sua ingestão calórica alcançaram o dobro da perda de peso daquelas que não o fizeram.)[38] Pode ser ingenuidade colocar um número nisso, mas para mim parece que o timeboxing, usado de forma adequada, poderia muito bem render pelo menos o dobro de produtividade que sugeri no meu artigo de 2018.[39]

■ ■ ■ ■

À medida que adicionamos os benefícios discutidos nos três capítulos anteriores — sentir-se melhor, pensar de forma mais inteligente, colaborar de forma mais harmoniosa —, você deve começar a reconhecer o timeboxing como a superpotência que ele é.

Mas isso ainda não é tudo...

Revisão

- Alcançar mais com nosso tempo é um busca valiosa.
- O timeboxing aumenta a produtividade principalmente por nos fazer focar as atividades certas.
- A Lei de Parkinson é respaldada por estudos científicos; usá-la a nosso favor pode aumentar a produtividade em um terço.
- Fazer várias coisas ao mesmo tempo prejudica a produtividade em até 40%.
- Utilizar intervalos de tempo ao longo do dia conforme você mesmo determina, em vez de como os algoritmos dos seus aplicativos ditam, pode resultar em uma hora extra por dia.
- No geral, o timeboxing dobrará nossa produtividade.

Para refletir

- Quão confiante você se sente de que se concentra principalmente nas coisas certas? Você se sente mais confiante sobre isso no trabalho ou em casa?
- Você faz várias coisas ao mesmo tempo? Em quais situações? Você sente que precisa mudar algo nesse aspecto?
- Qual é o maior ladrão de tempo da sua vida? São as redes sociais? Serviços de streaming? Discussões? Outros vícios? Preocupações? Procrastinação?

E enquanto eu desligava o telefone, pensei,
Ele cresceu igualzinho a mim,
Meu menino era igualzinho a mim.

— Harry Chapin e Sandra Gaston Chapin, "Cat's in the Cradle"

8. Para uma vida intencional

Palavras-chave:	Vida; propósito; significado; planejamento; escolher a vida; arrependimento; intenção; comoção; valorizar
Contagem de palavras:	1.551
Tempo de leitura:	8 minutos

Tempo bem aproveitado gera uma vida bem vivida.

O timeboxing pode melhorar seu uso de um intervalo de 15 minutos, ou de uma hora, ou de um dia. Essas são as durações de curto prazo comumente associadas ao método. Mas esses períodos se acumulam ao longo das semanas, meses e anos. E é assim que o timeboxing pode ajudá-lo a tomar decisões e mudar sua vida inteira. Essa vida pode ser tudo o que você é capaz de produzir, tudo o que terá, em todo o universo e por toda a eternidade. Na finitude, termo usado por Oliver Burkeman para um aspecto vital da condição humana, reside nossa grande oportunidade de escolher o que fazer e tornar nossa vida especial.

Todos os benefícios que exploramos até agora se combinam para contar uma história completa. Por intermédio do timeboxing, nos sentimos melhor, pensamos de maneira mais inteligente, colaboramos harmoniosamente e produzimos mais. Esses benefícios se misturam e se acumulam. No processo, deixamos um rastro de tudo o que fizemos: o histórico pesquisável descrito no Capítulo 3. À medida que vivemos mais nossas vidas, esse rastro aumenta. Nós garantimos que o rastro seja rico e em nossos próprios termos escolhendo proativamente nossos futuros de curto e longo prazo. O timeboxing nos ajuda a fazer isso.

O curto prazo

Vamos pensar no curto prazo como os próximos 12 meses.

Somos puxados em muitas direções diferentes por muitas áreas diferentes de nossas vidas. O timeboxing nos incentiva a pensar sobre essas tensões e a resolvê-las com uma mentalidade intencional. Também nos ajuda a perceber essa mentalidade. Isso pode ser muito tangível. Por exemplo, suponha que você decida que é importante gastar mais de sua vida em atividades criativas. Então pense em algumas atividades criativas relacionadas, coloque-as em seu calendário em timeboxes e marque-as com uma cor específica (digamos, azul).[40] Seu calendário instantaneamente se torna tanto uma visualização de como você está progredindo com esse objetivo como também um lembrete (quando não há muito azul) de quando você precisa tomar uma ação corretiva. Você pode até escolher ser bem preciso sobre isso: quero gastar 25% do meu tempo sendo criativo, por exemplo. Tudo isso é registrado em seu calendário para revisão e refinamento (e vem com um nível de automação se você usar um recurso como o Estatísticas de Tempo, do Google, ou o Viva Insights, da Microsoft, no Outlook).

Vale a pena pensar sobre quais são as áreas importantes da sua vida. Uma análise do histórico no seu calendário fornecerá uma fonte importante de inspiração. Aqui está uma lista de tensões comuns da vida para ajudá-lo a encontrar aquelas que fazem mais sentido na sua própria:

- **Trabalho X lazer.** Esta é a mais comum, o clichê. Ainda assim, é importante. Qual é o número saudável de horas para você trabalhar, em média? Busque definir isso, cumpra as horas e depois pare de trabalhar e não faça mais nada. Você precisará tomar medidas contra a invasão no tempo de lazer pelo uso de dispositivos e softwares (veja o *Capítulo 23 — Ferramentas e tecnologia*).
- **Autocuidado X responsabilidades com os outros**. Você passa tempo suficiente cuidando de si mesmo? Meditação, exercício, dieta, escrever um diário, terapia, reflexão?
- **Aprendizado X trabalho**. Quanto tempo você passa aprendendo durante o horário de trabalho? Seu empregador oferece isso? Se não, talvez devesse; hoje em dia muitos empregadores concedem uma hora por semana.
- **Tensões relacionadas ao trabalho: escritório X trabalho em casa; turno da noite X dia; funções desafiadoras X repetitivas.** Você já pen-

sou cuidadosamente sobre o que funciona para você, sua família e seu trabalho? Se sim, você fez tudo o que pôde para efetuar essa mudança?

- **Vida social X família X tempo sozinho**. Você ainda passa tanto tempo quanto gostaria, ou deveria, com bons amigos? Sabe quem são seus amigos verdadeiramente bons? Você passa tempo *de qualidade* suficiente com a família? Por exemplo, vocês fazem refeições juntos e, nessas ocasiões, você está totalmente presente?
- **Produtividade X tempo de lazer**. Fora do trabalho, ainda podemos escolher ser produtivos. Exercício, esportes, instrumentos musicais, leitura, administração da vida em geral e aprendizado de um novo idioma são todos considerados produtivos. Mas você passa tempo *demais* com tais atividades? Talvez você precise de uma injeção de diversão e leveza? Se sim, quanto e quando? Faça um timebox!
- **Metas de curto prazo (dentro de 12 meses) X metas de longo prazo (mais de 1 ano).** Você equilibra bem o curto e o longo prazo? Qual é esse equilíbrio, para você, em termos de uma divisão percentual?
- **Parceiro(a) X filhos.** Para aqueles de nós com ambos, você passa a quantidade certa de tempo de alta qualidade com cada membro da sua família? Alguém está sendo um pouco negligenciado? Pense sobre isso, decida e aja.

O longo prazo

Pouco tempo atrás fazia menos sentido pensar em grandes metas de vida no longo prazo. Vivíamos vidas mais curtas e tínhamos muito menos escolha. Mas hoje vivemos mais. No Reino Unido, um em cada três bebês nascidos hoje deve viver até os 100 anos,[41] e, como argumentado neste livro, temos uma enorme quantidade de escolhas, tanto do que fazemos em qualquer dado momento, quanto de qual rumo seguir na vida (onde morar, com quem viver, qual carreira seguir, quais habilidades desenvolver).

Coaches de vida frequentemente pedem aos seus clientes, em uma sessão inicial, para pensar e escrever suas metas de vida. Eles oferecem perguntas para ajudar na descoberta dos degraus que separam o presente desse estado futuro desejado. O timeboxing pode fornecer esses degraus e nos ajudar em nosso caminho.

Quando nos aproximarmos do fim da vida, a maioria de nós gostaria de poder olhar para trás e sentir que nosso tempo aqui foi valioso, sem sentir grande arrependimento. Pode ser relevante e instrutivo, então, considerar alguns dos arrependimentos que pessoas mais velhas expressaram pouco antes de falecerem:

- passar tempo demais se preocupando[42]
- não economizar dinheiro suficiente para a aposentadoria[43]
- não ser fiel a si mesmo[44]
- não viajar mais[45]
- não passar tempo suficiente com a família e os amigos
- não seguir suas paixões: muitas pessoas mais velhas se arrependem de não terem seguido suas paixões e sonhos mais cedo na vida
- não cuidar melhor da saúde
- não se posicionar
- não buscar educação ou oportunidades de aprendizado
- não demonstrar amor e apreciação.

Se você se sentir motivado a tomar ações preventivas em relação a algum desses arrependimentos (ou outros), mais uma vez o timeboxing pode ajudar. Suponha que seja importante para você ver mais do mundo. Pense em quando, onde e quanto custaria. Faça um plano. Um timebox recorrente mensal para planejamento de viagem seria um bom começo. Junto com isso, você pode adicionar algumas metas financeiras para ajudar a completar o objetivo. Então você faz uma ou duas viagens este ano e se sente mais confiante de que um plano semelhante (mas melhorado) no próximo ano também dará certo. E no ano seguinte. Uma década depois, você será o viajante experiente que desejava ser.

Uma vida intencional e bem vivida não precisa ser glamourosa. Muito do que fazemos é comum e recorrente. Comemos, bebemos, dormimos, pensamos e interagimos com aqueles com quem convivemos todos os dias. A maioria de nós poderia usar lembretes para comer uma dieta mais variada, moderar o consumo de álcool, garantir um bom sono, cultivar pensamentos positivos e ser mais gentil com os outros. O timeboxing pode nos ajudar a realizar todas essas atividades diárias de forma mais saudável, intencional e feliz.

O longo prazo pode ser visto como se estendendo além de nossas próprias vidas. O efeito borboleta de nossas ações transcende nossa própria existência. Certos comportamentos positivos ou negativos, especialmente aqueles que afetam as pessoas mais jovens (incluindo, mas não limitado a nossos filhos), provavelmente continuarão vivos de alguma forma. Podemos escolher quebrar ciclos ruins. E podemos escolher iniciar ciclos bons. Este é o aviso e a oportunidade do início deste capítulo.

Praticar atividades intencionais dia após dia mais tarde produzirá o que quase todo ser humano mais deseja: uma vida valorizada e escolhida por você mesmo.

Nos últimos capítulos, revisamos os principais benefícios do timeboxing. Alguns ajudam com o passado (o histórico confiável), outros com o presente (a serenidade, pensar de forma mais inteligente, a colaboração e a produtividade) e alguns com o futuro (uma vida intencional). Talvez seja motivador visualizar tudo isso junto:

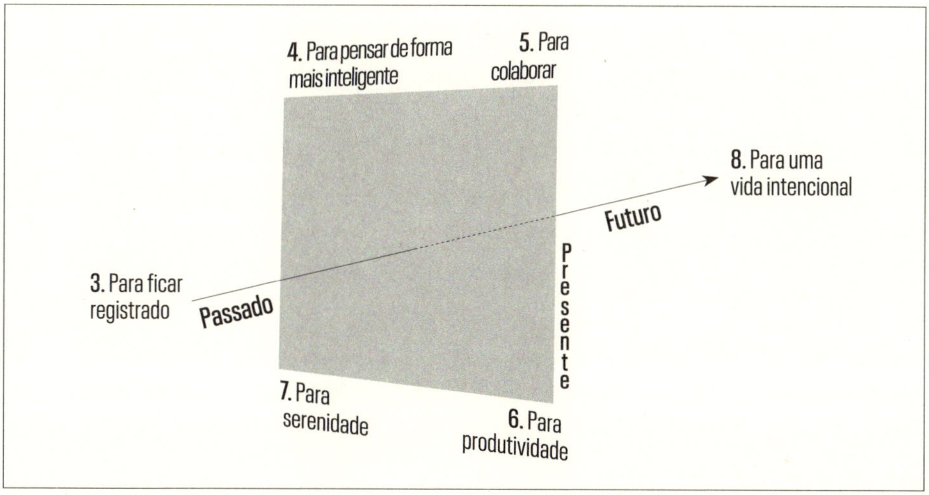

Tudo de que podemos ter certeza em todo o universo é que estamos aqui por algumas décadas, durante as quais temos que tomar algumas decisões. Vamos usá-las para escolher a vida que realmente queremos.

Revisão

- Como você gasta seu tempo todos os dias resultará em como sua vida terá sido.
- É edificante considerar as tensões atuais em sua vida e se seus esforços e tempo estão sendo gastos nas proporções corretas.
- Para o longo prazo, pense sobre quais metas de vida você tem, quais marcos levariam a elas e quais timeboxes no imediato e no curto prazo ajudarão você ao longo desse caminho.

Para refletir

- Quais das tensões de curto prazo listadas neste capítulo fazem mais sentido para você?
- Qual pequena mudança que você poderia fazer para melhorar uma das tensões de curto prazo em sua vida?
- Quais dos arrependimentos de vida de longo prazo listados acima você acha que provavelmente terá se as coisas continuarem como estão? Que plano você poderia fazer para evitar esse arrependimento?

PARTE DOIS — PLANEJAR

A Parte Dois é sobre agendar seus timeboxes antes da agitação do dia. Como vimos no Capítulo 2, as intenções de implementação funcionam; ou seja, se você fizer um bom plano, provavelmente vai completá-lo. Aqui está como fazer um — com consistência, utilizando sua lista de tarefas, estimando quanto tempo cada uma levará e ordenando-as adequadamente. Esses essenciais 15 minutos de planejamento determinam as próximas 15 horas do seu dia.

Faça o melhor que puder até saber mais.
Então, quando souber mais, faça melhor.

— Maya Angelou

9. O básico

Palavras-chave:	Essenciais; estabelecer fundações; calendário; mentalidade; ambiente; lugar de trabalho; distrações; foco; smartphone
Contagem de palavras:	1.283
Tempo de leitura:	6 minutos

Este capítulo é tranquilo. Como vimos no Capítulo 1, entre outras coisas, o timeboxing é natural porque todos nós já o fazemos de certa forma. Portanto, é necessário muito pouco para começar.

Um pouco de tempo: 15/15

Faça um timebox para praticar o timeboxing. Isso não é apenas uma frase de efeito. Um dos ingredientes-chave do timeboxing, incluído explicitamente na definição no Capítulo 1, é que escolhemos no que trabalhar *quando estamos em um estado adequado para fazê-lo*. E isso requer agendar algum horário anterior às próprias tarefas, seja para o timeboxing diário ou para a variedade de longo prazo.

Para o timeboxing diário, isso provavelmente será na noite anterior ou na manhã do seu dia de trabalho. O primeiro tem a vantagem de uma noite extra de sono e quaisquer associações e consolidações que seu cérebro faça nesse tempo. O último tem os benefícios do pensamento fresco que ocorre pela manhã (ao qual eu prefiro).

Não é preciso muito tempo. Você pode organizar todo o seu dia em 15 minutos. Mas esses são os poucos minutos vitais que determinam substancialmente as próximas 15 horas do seu dia, ou mais. Portanto, agende esses 15 minutos no seu calendário. Note que esta é uma atividade *diária*, muitas vezes a sua atividade diária mais importante, então a programe para se repetir todos os dias. Torne-a prazerosa, especialmente no começo. Por exemplo, pode ser uma boa ideia juntar seu timeboxing de planejamento diário com a degustação da sua bebida matinal preferida.

Esses 15 minutos de planejamento trazem controle. Compare esse uso do tempo com, digamos, mergulhar direto na sua caixa de entrada (o que muitas pessoas fazem). Suponha que nesses 15 minutos você conseguiu passar por 10 e-mails. Isso é progresso de certo modo, sem dúvida. Mas não lhe daria uma noção de quanto ainda tem pela frente, da relevância de cada tarefa com relação às outras, do que requer mais preparo, de para quem você precisa enviar uma mensagem, de quando você poderá fazer uma pausa etc. O timeboxing lhe dá mais do que uma mera ideia disso tudo, lhe dá um plano preciso e, com isso, uma sensação de controle.

O timeboxing de longo prazo — semanal, mensal, trimestral ou anual — também deve ser agendado para que você possa garantir que acontecerá. Você pode precisar de 1 hora ou mais para essas sessões de planejamento de longo prazo. Mas o foco deste capítulo (e deste livro) é o ritmo de timeboxing mais comum e importante: diário.

A mentalidade certa

Para que o timeboxing funcione para você, é necessário estar no estado de espírito correto. É preciso estar aberto à possibilidade de que o método possa ajudá-lo a descobrir o que você deve fazer, quando deve fazê-lo e se sentir melhor como resultado disso. Um olhar crítico é bem-vindo e ajudará de verdade. Já um cinismo inflexível, não. Mas, já que você está lendo este livro, é provável que esteja com a mentalidade, ou seja, com a visão de que o timeboxing pode realmente ajudá-lo. E, já que você chegou até aqui, estará ciente dos seis benefícios do timeboxing apresentados na Parte Um.

O ambiente certo

Otimize seu ambiente físico para entrar e permanecer no espaço mental certo para o seu timebox. Trate cada um dos seus cinco sentidos da maneira mais propícia para pensar claramente e fazer um bom timeboxing.

- **Visão**. Desligue notificações, reduza o acesso a dispositivos que geram notificações e feche as abas do navegador que você não precisa (use tela cheia com F11 em um PC ou Command + Control + F / Fn + F em um Mac). Coloque seu calendário no centro da sua experiência visual para esta sessão de planejamento. No mundo físico, ajuste a iluminação e mantenha seu local de trabalho organizado e arrumado. Reserve alguns minutos no final desta tarefa para considerar a paisagem visual de onde você normalmente trabalha ou passa muito do seu tempo. Organizar nosso campo de visão para evitar distrações é óbvio; mas, na minha experiência, 95% de nós não fazemos isso.
- **Audição**. Escolha os sons certos para a ocasião: com música, sem música, música instrumental, cancelamento de ruído.
- **Olfato**. Velas perfumadas, difusores de aroma, janelas abertas, cheiros agradáveis.
- **Paladar**. Tenha por perto os lanches e bebidas que desejar. Não dê a si mesmo uma desculpa constante para escapar da tarefa atual e ir para a cozinha/copa/café.
- **Tato**. Corrija sua postura, cerque-se dos aparelhos e dos acessórios que fazem você se sentir preparado, tranquilo e focado.

A maioria das pessoas prefere estar sozinha enquanto planeja seu dia com timeboxing. Decidir como você vai passar o seu dia é uma atividade pessoal. Então, se você tem seu próprio quarto ou escritório, feche a porta e faça as pessoas saberem que agora não é hora para conversas.

Nossos ambientes desempenham um papel importante na formação de hábitos. Uma lista de todos os itens de que você precisa para o seu dia (chaves, carteira, telefone etc.) colada na sua porta da frente pode prevenir lapsos irritantes e desnecessários. Deixar um livro em cima da sua cama de manhã aumenta a chance de você lê-lo à noite. Pense sobre os ambientes físico e digital com os quais você costuma terminar e começar o seu dia. O que faz você se sentir motivado, bem e focado? E o que faz você se sentir desmotivado, mal e distraído? Cerque-se com mais do que é bom (veja o *Capítulo 19 — Criar o hábito*).

Um calendário digital

Você realmente só precisa de um calendário. Calendários de papel (juntamente com blocos de papel chiques, descritos por varejistas on-line como "planejadores de timeboxing") certamente são compatíveis com o timeboxing. Mas eles carecem de muitos dos benefícios importantes de seus equivalentes digitais. Calendários digitais permitem pesquisas para obter informações-chave com um simples comando. Calendários digitais são facilmente compartilhados com colegas, amigos e familiares. Calendários digitais podem ser protegidos com criptografia e senhas. Eles têm backup na nuvem e estão sincronizados com todos os seus dispositivos. O conselho irrefutável aqui é usar um calendário *digital*.

Existem alguns outros itens não essenciais que você pode ignorar por enquanto. Muitos calendários digitais vêm com funcionalidades avançadas, que poucos de nós usamos ou precisamos. Ignore. Hoje em dia também existem programas para ajudá-lo a fazer o timeboxing. Ignore isso também por enquanto; voltaremos a esse assunto no *Capítulo 23 — Ferramentas e tecnologia.*

Crie um timebox para praticar o timeboxing agora

Vá ao seu calendário digital agora. Adicione um compromisso de 15 minutos para amanhã de manhã intitulado "Timebox hoje" pouco depois de você acordar, em um momento oportuno. Programe a repetição para todos os dias úteis. Em seguida, use-os para organizar o seu dia e cada dia em seguida. Esta é uma experiência imersiva de aprender fazendo.

Quinze minutos, a mentalidade certa, o ambiente certo e um calendário digital são todos essenciais para o timeboxing. Mas há mais um item de que precisamos para praticar o timeboxing corretamente. É uma prática muito conhecida e comum, que recentemente recebeu (na minha opinião, injustamente) críticas: a lista de tarefas.

Revisão

- Você precisa de bem pouco para começar a planejar seus timeboxes.
- Para começar, tudo de que você precisa é:
  - a mentalidade certa
  - o ambiente certo
  - um calendário digital
  - 15 minutos para planejamento.

Para refletir

- Olhe ao redor do seu ambiente de trabalho atual no escritório ou em casa. Que bons comportamentos ele induz? E os indesejáveis?
- Em que momento faz mais sentido, no seu contexto, colocar os timeboxes de planejamento diário de 15 minutos? O que está impedindo você de fazer isso agora mesmo?
- Se você não tem um calendário digital, configure um agora. Se já tem um, experimente com as configurações para aprimorar sua experiência de usá-lo.

Atualize a lista.
Uma coisa.
Outra coisa.
Não todas essas.

— Anônimo

10. A lista de tarefas

Palavras-chave:	Afazeres; lista; lembrete; priorizar; refrescando a memória
Contagem de palavras:	2.785
Tempo de leitura:	13 minutos

Este é um dos capítulos mais importantes do livro.

A lista de tarefas é um compilado das tarefas que você pretende fazer, frequentemente usada para refrescar a memória. O calendário é uma ferramenta para dar conta dos eventos que você planejou. O timeboxing é a fusão dos dois; é pegar os itens certos da sua lista de tarefas, colocá-los no calendário e garantir que sejam feitos de acordo com esse cronograma. Listas de tarefas e calendários poderiam ter sido dois prelúdios deste livro.

Mais de três quartos[46] de nós mantemos uma lista de tarefas. Mas suspeito que bem poucos façam isso de forma otimizada. Listas de tarefas são quase sempre privadas; portanto, é difícil ver o que os outros estão fazendo, compartilhar boas práticas, fazer experimentos ou medir eficácia. A literatura (na internet e em livros) sobre esta questão reflete isso. Falta pesquisa robusta e reflexão acerca do assunto. O material existente soa frágil e pouco convincente.

Este capítulo mais longo estabelece que listas de tarefas são de fato essenciais, descreve o que são, de onde vêm e para onde vão, e ainda ajuda você a fazê-las melhor.

Em defesa da...

As listas de tarefas parecem estar fora de moda. As principais críticas tendem a ser que elas são uma ou mais das seguintes:

- **Inadministráveis.** Temos tantas coisas para fazer de áreas dispersas e incomparáveis de nossas vidas que a lista de tarefas se torna pesada, avassaladora, impossível e até mesmo, segundo Cal Newport (autor de *Trabalho focado: como ter sucesso em um mundo distraído*), "desumana". Elas, portanto, levam ao estresse e à frustração, fazendo com que tenhamos pouco progresso.

- **Irrealistas.** As listas de tarefas nos impõem expectativas irreais de nós mesmos. Assim, nos esgotamos e/ou sentimos como se tivéssemos falhado. Uma estatística frequentemente citada é que 41%[47] dos itens das listas de tarefas nunca são completados.
- **Sem ambição**. As listas de tarefas focam tarefas urgentes e fragmentadas, em vez de contribuir para objetivos e valores de vida maiores e mais amplos.

Mas essas objeções são meramente contra manter listas *malfeitas*. Facas, veículos, palavras e inúmeras outras invenções humanas podem ser usadas de forma ineficaz, precária e até mesmo danosa. Mas a culpada é a *forma de uso* da invenção, não a invenção em si. Veremos neste capítulo que listas de tarefas bem-feitas refutam todas as objeções acima.

Celebrando a...

A lista de tarefas não é apenas defensável, é indispensável.

É a lista de itens que você considera importantes. Seus objetivos, suas escolhas, sua autonomia. Isso contrasta nitidamente com, digamos, uma caixa de entrada, que é uma lista de mensagens e solicitações de outras pessoas.

Sua função mais básica é refrescar a memória. Nestes tempos atarefados e frenéticos, os próximos pensamento, mensagem, notificação ou experiência estão constantemente tomando o lugar dos anteriores. Somos altamente vulneráveis a esquecer; na verdade, isso pode até ser uma característica evolutiva.[48] Listas de tarefas simples e facilmente acessíveis garantem que nos lembremos das coisas. A lista de tarefas também é um alívio para nossa memória de trabalho. Ao transferir uma ideia de um lugar onde o esforço cognitivo é necessário para um onde não é, nossas mentes se aliviam e nosso estresse diminui.

Também é uma manifestação do nosso potencial. Estamos selecionando algumas das milhões de ideias, atividades e aspirações disponíveis para nós como um espírito livre no planeta Terra. Ela é extraída da lista de coisas que você *poderia* fazer, que transborda e brilha com possibilidades quase infinitas. Define nossa ambição e nossa capacidade.

A lista de tarefas é uma parte essencial do trabalho e da vida para a maioria das pessoas.

Mas, embora seja necessária, não é suficiente para fazer as coisas de forma satisfatória. A lista de tarefas determina o que provavelmente deveríamos fazer *em algum momento*. O timeboxing determina esse momento e garante que aconteça conforme o futuro se desenrola.

O que alimenta uma lista de tarefas?

Já que as listas de tarefas são, então, um pré-requisito para o timeboxing, devemos entendê-las bem. Vamos seguir a cadeia causal e perguntar: de onde vêm os itens de uma lista de tarefas? Há cinco principais fontes:

- **Ideias**. A lembrança de uma promessa que fez a alguém na semana passada. Uma ideia brilhante no chuveiro. Você vê alguém no trem que se parece com um velho amigo da escola e percebe que deveria entrar em contato com esse amigo. Um pensamento criativo e potencialmente útil vem a você durante um devaneio. Nossos cérebros estão constantemente ativos e são em grande parte imprevisíveis. Os estímulos externos em nosso ambiente também são imensamente imprevisíveis. Assim, as ideias, pensamentos, eventos e epifanias que temos formam uma fonte rica e fabulosa de ideias para o que podemos fazer. Aconselho a manter uma lista de aprendizado como um subconjunto da sua lista de tarefas. Inclua qualquer coisa sobre a qual você esteja curioso, mas que ainda não teve tempo de tomar atitude.

- **Mensagens.** Recebemos mais de cem[49] e-mails por dia. Recebemos, no total, um número parecido de mensagens por intermédio de aplicativos de mensagens e redes sociais. Muitas dessas são meras automações ou informes, coisas não solicitadas, irrelevantes ou, de alguma outra forma, trivialmente ignoráveis. Mas algumas delas exigem certo nível de reflexão e ação correspondente e tornam-se uma coisa a ser feita, um candidato para a sua lista de tarefas. Até mesmo as muitas minúcias precisam ser tratadas de alguma forma, e isso também se torna uma coisa a se fazer.
- **Reuniões e conversas.** Passamos um quarto de nossas vidas de trabalho em reuniões. Temos 27 conversas[50] por dia. Essas interações em tempo real com outros seres humanos podem, de muitas maneiras, dar origem a tarefas. Um chefe pode simplesmente atribuir uma tarefa a você. Você conversa com um vizinho idoso e se oferece para ajudar a consertar a cerca dele. Algumas das ações que chegam ao final de uma reunião de negócios podem ficar sob sua responsabilidade.
- **O próprio trabalho**. À medida que terminamos a apresentação comercial, percebemos que precisaremos ensaiá-la. À medida que escrevemos o case de negócios, percebemos que precisaremos conduzir mais pesquisas sobre aquele mercado em potencial. À medida que usamos o software de Gestão de Relacionamento com o Cliente (CRM, na sigla em inglês), percebemos que há várias entradas que precisam ser preenchidas. Ao fazermos login em nosso programa de gestão de tarefas, uma série de tarefas nos aguarda. Trabalho gera trabalho.
- **Tarefas da vida.** Há muitas tarefas de administração pessoal: lavanderia; limpeza; compras; pagar contas; cozinhar; manutenção do carro, casa, jardim ou terreno; exercício; saúde; planejar férias; cuidar da família e de animais de estimação; tirar o lixo e reciclar; responsabilidades comunitárias, e assim por diante. Muitas dessas tarefas se repetem regularmente, outras são menos previsíveis. Algumas virão

de membros da família, especialmente daqueles com quem vivemos. Todas são tarefas a serem feitas; e, gostemos ou não de fazê-las, precisam ser feitas.

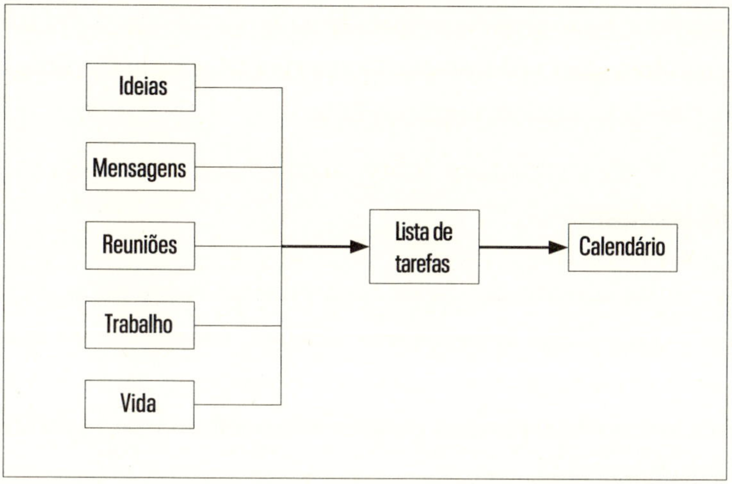

Reconhecer as principais fontes de tarefas (você provavelmente conseguirá adicionar algo à lista acima, não é?) e ajustar como elas chegam à sua lista de tarefas podem ser transformadores. Para muitas pessoas, há uma quebra na cadeia entre a fonte da tarefa e sua lista. Isso significa que itens às vezes se perdem e nunca são feitos. Ocasionalmente, isso será uma omissão importante com consequências custosas no trabalho ou na vida domiciliar. Se você não quer se esquecer de nada, não pode se dar ao luxo de ter uma quebra na cadeia. Você só pode garantir uma cadeia ininterrupta ao observar todo seu caminho desde o fim e voltando ao início.

O que uma lista de tarefas alimenta?

A lista de tarefas alimenta seu calendário, seus timeboxes. Quando você vier a planejar seus timeboxes (com um pouco de tempo, um calendário digital e a mentalidade e ambiente certos), precisará do material para os timeboxes e isso virá da sua lista de tarefas. E ao alimentar seus timeboxes, na medida em que seu dia avança, na medida em que as tarefas são feitas, sua lista de *concluídos* também se completa, de graça.

Sua lista de tarefas também deve alimentar sua lixeira! Nem todas as nossas ideias são boas. E, de fato, entre o momento em que a ideia chega à lista de tarefas e o momento em que chegamos a fazê-la, o mundo pode mudar, tornando a ideia redundante. Conseguir fazer tudo em uma lista de tarefas é, na verdade, uma aspiração errada.

Como fazê-las bem

O nível de conhecimento geral e as boas práticas sobre listas de tarefas, considerando que bilhões de pessoas as utilizam, é medíocre. Li um pouco do que existe e trouxe alguns elementos do timeboxing para consideração. Escrevi este capítulo na esperança de que todos melhoremos nesta atividade essencial e negligenciada.

Unidades gerenciáveis

Divida as tarefas em subtarefas gerenciáveis. Claro, o que é gerenciável para uma pessoa pode não ser para outra, mas o consenso (com o qual concordo) é que as tarefas devem ocupar menos da metade do dia e, idealmente, devem durar algumas horas, no máximo. Mas também podem ser minúsculas, como, por exemplo, um lembrete para enviar um e-mail de acompanhamento ou para comprar leite no caminho de casa. Tenha em mente que a próxima etapa do processo, o timeboxing, oferece a oportunidade de dividir mais as tarefas ou agrupá-las. Não precisamos fazer toda a desagregação de uma vez.

Para cada tarefa, escreva detalhes suficientes para que você se lembre do que se trata quando voltar à lista ("Pesquisar projeção astral" funciona; "Pesquisar", por si só, pode não funcionar algumas horas ou dias depois). Informações adicionais como duração estimada, importância, urgência, dependências, colaboradores, prazos, propósito e categoria também podem ser úteis, mas não essenciais.

Processo

Estabeleça as categorias de fontes (veja acima) e sistematize isso de uma maneira que esteja alinhada com o que você considera mais importante na sua vida. Por exemplo, 1,2 bilhão de nós usamos o WeChat, 2 bilhões usam o WhatsApp e 5 bilhões enviam e recebem mensagens SMS. A menos que você não tenha problema com esquecer de cumprir promessas e completar tarefas, precisará de um sistema para quando uma mensagem de chat deve se tornar uma tarefa. Por exemplo, marque com estrela ou salve mensagens que requerem ação e defina um timebox (possivelmente recorrente) para quando lidar com essas mensagens. O objetivo é estabelecer um caminho dessa categoria de atividade geradora de tarefas até a sua lista de tarefas (e, por sua vez, até seu timebox). Sem interrupções na cadeia.

Estabeleça um sistema equivalente para todas as outras atividades geradoras de tarefas que possam alimentar uma lista. Não confie na sua memória. Às vezes ela deixará você na mão e, quando isso acontecer, a frustração pode ser excruciante.

Algumas pessoas usam várias listas de tarefas. Elas podem ser: trabalho, social, financeiro, manutenção da casa, família, pessoal. Para a maioria de nós, isso é contraproducente. Nos obriga a fazer comparações de importância e urgência das tarefas entre várias listas que estão em locais diferentes. No final, cada um de nós é uma única entidade com uma única linha do tempo. Assim, uma única, mas abrangente, lista de tarefas deve ser suficiente (sobretudo se formos criteriosos sobre o que chega até ela).

Comece com um verbo porque um verbo é uma palavra de *ação*.

Organize-a e a mantenha organizada (por ordem de importância). Este é o fator mais importante, e as opiniões são divididas sobre como implementar. Um grupo (incluindo Cal Newport) defende agrupar tarefas semelhantes, lidar com elas em lotes e inserir intervalos entre cada uma para que o contexto cognitivo se disperse a tempo do próximo lote. Isso faz muito sentido, mas sofre a desvantagem de que as tarefas urgentes podem não ser abordadas rápido o suficiente (estão enterradas em lotes maiores). Outro grupo (do qual faço parte) defende a ordenação por urgência ou importância. Um método (um algoritmo bem simples) para quando você estiver escolhendo de uma longa lista de tarefas possíveis é o seguinte:

- Inseri-las em uma planilha.
- Atribuir a cada uma delas, em uma coluna adjacente, um valor numérico aproximado (de 1 a 10, por exemplo) que denote sua urgência ou importância.
- Ordenar essa coluna de acordo com os valores numéricos.
- Concentrar sua atenção nos poucos e cruciais itens que estão no topo (os itens periféricos estarão na parte inferior).
- Desfrutar de um reconfortante senso de alívio, pois um grande e incômodo número de itens de importância variável ou desconhecida foi transformado em uma curta lista de coisas que precisam ser feitas.
- Trate a longa lista de itens menos importantes da forma apropriada. Ou exclua-os, ou agende algum tempo no futuro para revisá-los novamente (nesse ponto alguns podem ter ganhado mais importância).

Pense sobre qual maneira de ordenar tarefas faz mais sentido para você, mas certifique-se de ter algum tipo de ordenamento. Sem um ordenamento no qual acredite, você com frequência ficará se questionando, encarando a lista, ponderando se alguma outra tarefa deveria ter precedência. Uma lista ordenada remove esse fardo ansioso da escolha e é mais uma manifestação do poder de fazer uma coisa de cada vez.

Faça uma limpa de forma implacável e regular (podar listas de tarefas é, por si só, uma tarefa que pode ser encaixada em um timebox e funciona bem como um compromisso recorrente no calendário). Alimentar o lixo com itens descartados da sua lista de tarefas (ou seja, riscá-los ou excluí-los da lista de tarefas) é uma parte saudável do processo.

Note que há muitas listas de tarefas pré-fabricadas, facilmente encontradas on-line, que podem ser úteis para você: listas para viagens, acampamento, conversas interessantes, compras, limpeza doméstica, mudança de casa, preparação para entrevistas, segurança doméstica, melhorias na casa, desejos, e assim por diante. Utilize o pensamento cuidadoso e as melhores práticas que outros compartilharam. Ou peça a uma IA generativa para produzir uma lista para você.

Mecanismo

Eu defendo que uma lista de tarefas funciona melhor em formato digital e na nuvem. Dessa forma, você pode colocar links, compartilhar, copiar, colar e fazer backup mais facilmente (estas são muitas das mesmas vantagens desfrutadas pelos usuários de um calendário digital). Certamente é uma boa ideia ser capaz de acessar rapidamente a lista onde quer que ela esteja. Você não pode deixar ideias se dissiparem no espaço entre ter o pensamento e anotá-lo; o atrito deve ser minimizado.

Pessoalmente, uso um único documento do Google para todas as minhas notas, bem como para meus itens da lista de tarefas. Quando me sinto atordoado pelo número de itens que tenho (por exemplo, ao retornar de férias), eu colo a lista de tarefas em uma planilha, atribuo valores, ordeno e encaixo em timeboxes, conforme descrito acima.

Sonhe grande

Muitos dos itens de nossa lista de tarefas serão banais, como é o caso da maioria dos exemplos dados neste capítulo até agora. Mas limitar sua lista de tarefas desta forma é limitar sua vida. Um sonho pode parecer distante e inatingível, mas essa distância pode ser de apenas um item na lista de tarefas e alguns timeboxes cuidadosamente colocados. Seja para aprender um novo idioma, mudar de carreira, apoiar uma causa ou se tornar uma pessoa mais gentil, sempre haverá um pequeno primeiro passo que você pode dar, para o qual sua lista de tarefas pode ser um lar feliz (e temporário).

■ ■ ■ ■

A lista de tarefas está aí para ajudar, não atrapalhar. Não pense demais, não complique. Se tentar registrar cada detalhe e aderir a limites arbitrários que algum guru de produtividade inventou (um mínimo de X grandes tarefas por dia, um máximo de Y tarefas na sua lista etc.), você terá menos chances de manter esse hábito importante. O que é verdadeiramente essencial deste capítulo é que você observe o que alimenta sua lista, que você organize essa lista de alguma forma e, claro, que você a use para criar timeboxes.

Revisão

- A lista de tarefas é um ingrediente essencial para o timeboxing e a maioria das pessoas mantém uma.
- Ideias, mensagens, reuniões, trabalho, vida e tudo mais alimentam as listas de tarefas.
- Os itens da lista de tarefas migram para um timebox no seu calendário (e para o seu lixo).
- As boas práticas incluem:
  - dividi-las em subtarefas gerenciáveis
  - mantê-las organizadas por prioridade
  - podá-las de vez em quando
  - mantê-las digitalmente e na nuvem
  - serem ambiciosas.

Para refletir

- Pense sobre as categorias de atividades que alimentam sua lista de tarefas. Há mais alguma além das listadas neste capítulo? Qual delas lhe dá mais trabalho? De qual você gosta mais?

- Você poderia melhorar seu sistema para alimentar sua lista de tarefas? Como fará isso? *Quando* fará isso?
- Dê uma olhada na sua lista de tarefas atual. Como você poderia melhorá-la imediatamente, nos próximos 5 minutos?
- Você conhece alguém que parece nunca esquecer nada? Pergunte a essa pessoa sobre como compila e mantém sua lista de tarefas.

Malgastei todo meu tempo; o tempo ora me gasta.

— William Shakespeare (*Ricardo II*)[1]

1 Tradução de Carlos Alberto Nunes, Editora Agir, 2019.

11. Criação de timeboxes

Palavras-chave:	Agrupar; criar lotes; dividir; metadados; palavras-chave; #hashtags; palavras de ação; e-mail
Contagem de palavras:	1.804
Tempo de leitura:	9 minutos

Então temos nossa lista de tarefas. Mais especificamente, temos um inventário ordenado de tarefas de vários tamanhos e um sistema sólido para mantê-lo atualizado.

Agora estamos prontos para fazer os timeboxes correspondentes, para criar os blocos. Este capítulo e os próximos dois são todos sobre criar e alocar timeboxes, e são relativamente simples. Também devem ser importantes, já que você mesmo está prestes a fazer centenas de milhares de timeboxes (20 por dia, 7 mil por ano…) — que perspectiva extraordinária e inspiradora!

Seu objetivo ao criar um timebox é facilitar uma sessão boa e produtiva quando chegar a hora de botar a mão na massa: um começo rápido, um progresso suave e uma conclusão bem-sucedida.

Que tipos de coisas?

Que tipos de coisas vão para um timebox? Qualquer coisa que você precise ou queira fazer que seja de tamanho manejável. Devem vir dos itens da sua lista de tarefas, que, por sua vez, como vimos no Capítulo 10, se originam das suas ideias, mensagens, reuniões, trabalho e vida. Talvez você precise agrupar (se forem pequenos demais) ou desagrupar (se forem grandes demais) os itens da lista de tarefas.

Os timeboxes geralmente representam um dos itens abaixo:

- **A própria sessão de planejamento**. O período de aproximadamente 15 minutos descrito no Capítulo 9 no qual você planeja o dia seguinte.

- **Uma tarefa**. A atividade que você planejou para sua sessão de timeboxing é o caso principal. Por exemplo, levar as crianças ao parque, estender a roupa, almoçar com a namorada, escrever a introdução de um relatório, revisar aquela avaliação, revisar os números no plano de negócios, levar o lixo para fora na terça-feira à noite...
- **Um lembrete**. Para contatar aquela pessoa, cobrar aquele e-mail, comprar aquele presente...
- **Preparação para reuniões**. Toda reunião que ocorre deve ser importante. E você deve se preparar para toda reunião importante. Um timebox oportuno é a maneira perfeita de fazer isso, seja sozinho ou em colaboração com outros participantes da reunião. Note que a preparação para a reunião muitas vezes será motivada por certos itens do calendário. Você se senta para planejar a terça-feira, então percebe que uma reunião na quarta-feira vai precisar de um pouco de trabalho. Assim, é criado um timebox de preparação na terça-feira.
- **Um deslocamento.** Se você precisa de tempo para ir a algum lugar, indique em seu calendário os períodos em que estará em trânsito (e, supõe-se, menos disponível). Mas também pense em enriquecer esse deslocamento com algum entretenimento ou educação escolhidos intencionalmente (e colocados no timebox). Os títulos dos meus timeboxes de deslocamento são geralmente da forma "deslocamento / [alguma atividade]".
- **Uma pausa ou exercício.** Lembre-se de fazer pausas e se exercitar. Dessa forma, sinalize para os outros que está ocupado e por quanto tempo.
- **Uma reunião recorrente.** Muitas reuniões são regulares (e algumas por boas razões). Definir compromissos recorrentes no calendário para indicar isso é lógico e eficiente. Não tome esses lembretes como menos importantes apenas porque são automatizados. Reuniões recorrentes também podem gerar a necessidade de reuniões *preparatórias* recorrentes.

- **Itens pessoais.** Temos uma vida profissional e uma vida pessoal. No entanto, independentemente de como as dividimos, elas precisam se encaixar no único conjunto de 24 horas que temos em cada dia. Dessa forma, intercale timeboxes de todas as áreas da sua vida em um único calendário (veja o *Capítulo 6 — Para colaborar*).

Agrupar e desagrupar

Algumas tarefas são minúsculas. Coisas como colocar a roupa para lavar, confirmar o recebimento de um e-mail ou enviar uma mensagem de agradecimento podem levar apenas alguns segundos, mas essas pequenas tarefas podem ter um impacto desproporcional em nossas vidas. Em muitos casos parece difícil justificar a complicação administrativa envolvida em atribuir tais tarefas a um timebox. Isso é solucionável: agrupe esses pequenos itens (isto é, faça lotes) em um conjunto mais valioso; nomeie o timebox com algo como "Vários" ou "Diversos"; faça todos juntos; aproveite a catarse resultante.

O e-mail é um caso especialmente comum disso. Muitos gurus da produtividade defendem a determinação de horários específicos do dia para verificar e responder a e-mails, de modo que o cronograma regular de trabalho não seja interrompido. Alguns e-mails exigem mais concentração e foco, e eles podem justificar timeboxes próprios (e nesses casos, para gerar um histórico útil, vale a pena colocar títulos específicos, em vez de apenas "E-mail"). De resto, torne o processo um jogo ao registrar em seu timebox quantos e-mails você tinha antes da sessão, perceba quantos você conseguiu dar conta e registre esse número no timebox quando terminar (eu utilizo o seguinte formato: ✉ e-mails [34] > [18]). Itens administrativos e pessoais com frequência também são bons candidatos para o agrupamento.

Não faça tarefas grandes demais

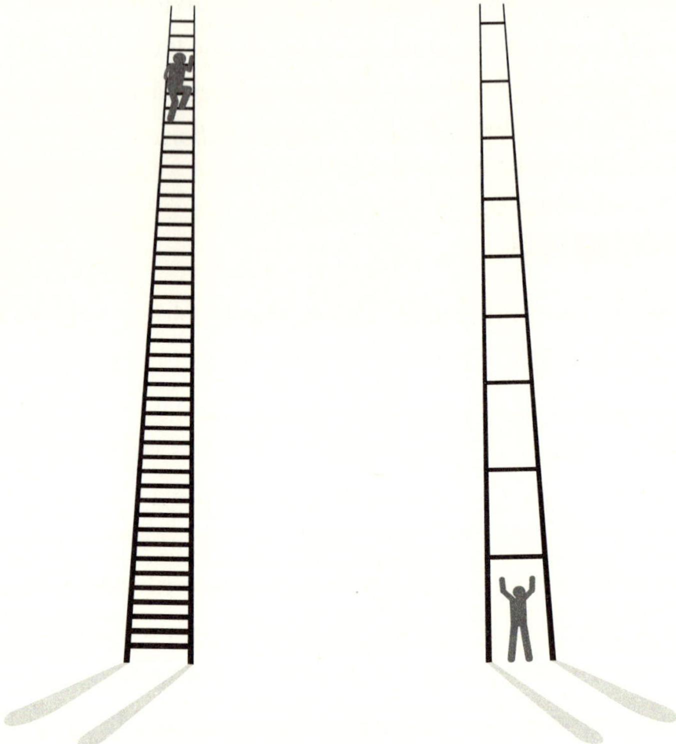

O oposto também acontece: uma tarefa pode ser grande demais. Acabamos diante de algo grande e intimidador (por exemplo, limpar a garagem, decorar a casa, escrever um plano de negócios, melhorar o site) e não sabemos por onde começar. Dessa forma, procure dividir a tarefa que é grande demais em partes menores. Especificamente, divida-a em unidades menores (veja o próximo capítulo) e coloque essas em timeboxes, não aquela grande e intimidadora. Um bom teste para saber se a tarefa está dividida o bastante é se você sabe exatamente qual será o primeiro passo a tomar em cada timebox. Por exemplo, o timebox pode ser "Aspirar o andar térreo" e o primeiro passo pode ser pegar o aspirador de pó na garagem. Ou o timebox pode ser "Fatura clientes" e seu primeiro passo pode ser encontrar as faturas relevantes no seu e-mail.

Descritores

Você precisa de bem pouca informação para um timebox. Como em qualquer ação determinada, os elementos essenciais são um *Quem*, um *Quando* e um O *Quê*. O *Quem* é você, claro; é o seu timebox, seu calendário e sua responsabilidade. O *Quando* nós veremos no *Capítulo 13 — Ordenamento de timeboxes.*

O *Quê* é o título e/ou descrição, que precisa ser suficiente para que você faça aquela tarefa de forma eficaz e sem atrasos. Com esse objetivo em mente, considere:

- **Nome (obrigatório).** Isso é importante, principalmente no contexto de um calendário compartilhado e na colaboração com outros. Você vai querer ver o nome, saber do que se trata e idealmente estar preparado e motivado para iniciar a tarefa. Escolha uma palavra útil e cheia de significado: um termo técnico, o nome de um evento, um número específico que você reconhecerá. Um verbo também pode funcionar bem e trazer uma boa e apropriada energia de "atividade". Os verbos úteis para timeboxes incluem:

> revisar, editar, enviar e-mail, escrever, ler, resumir, ligar, refletir, considerar, fazer brainstorm, programar, planejar, analisar, preparar, verificar, validar, perguntar, completar, melhorar, convencer, responder, estender, aumentar, organizar, planejar, elevar, construir, decidir, desenvolver, avaliar, reduzir, consolidar, sintetizar, assistir, ouvir, ajudar, entender, aprender, encontrar.

- **Descrição (opcional).** É raro precisar disso. Títulos como "Aula de jiu-jitsu", "Resumir reunião das 16h" ou "Melhorar perfil no LinkedIn" podem ser suficientes para começar. Se mais detalhes forem necessários, você não precisa esmiuçá-los obrigatoriamente no timebox: um link ou referência para a fonte da informação (um site, suas anotações, um documento) é preferível.
- **Organização por cores (opcional).** No Capítulo 8, vimos que o timeboxing pode direcioná-lo para objetivos de vida maiores e mais

intencionais. Ao organizar tipos de atividades por cores diferentes, você pode monitorar de relance quanto tempo está gastando em cada uma delas por dia, semana ou mês, e decidir se e como ajustar essas proporções. Meus timeboxes se enquadram em uma das quatro categorias:

- Azul — trabalho normal
- Verde — trabalho de alto impacto
- Amarelo — lazer
- Roxo — escrita

O Google Calendar recentemente tornou esse tipo de análise muito mais fácil com o recurso Estatísticas de Tempo.

- **Hashtags (opcional).** No Capítulo 3, vimos que o timeboxing pode servir como um sistema de registro. Se você for meticuloso e consistente com seus títulos, pode fazer isso funcionar bem. Ao usar uma taxonomia pessoal de termos úteis, será capaz de encontrar todos os seus timeboxes que incluem #reuniões, #vendas, #horaextra, #projetoX com uma simples busca no seu calendário digital.
- **Emojis (opcional, obviamente).** Isso parecerá absurdo para muitos, mas ressoará com alguns. Adicionar um emoji no início do timebox pode melhorar o humor com o qual você entra naquele timebox. Para aqueles que seguem nessa direção com entusiasmo, usem com moderação para que o impacto seja maior e mais sustentável. Confesso que pratico isso esporadicamente (🧠 para pensar, 🚄 para o trajeto, 🐕 para passeios com o cachorro, 🚸 para arrumar as crianças, ⌛ quando estou enfatizando a importância de um método excelente de gerenciamento de tempo).

Considerando quão pouco é realmente necessário, a maioria dos timeboxes pode ser criada em segundos. Então, seus vinte ou mais timeboxes para o dia podem ser facilmente criados em 15 minutos ou menos.

Exemplos

Abaixo está meu calendário de timeboxing da tarde em que comecei a redigir este capítulo (enquanto estava em um voo transatlântico). O timeboxing da própria tarde levou cerca de 10 minutos e é indicado pela linha pontilhada (classifiquei como trabalho normal). Em seguida, coloquei apenas o suficiente de informações na atividade das 13:45 para saber como receberia meu almoço (entregue no assento 45C) e qual seria meu entretenimento em áudio (um episódio baixado do YouTube). Como eu já conhecia bem o material (nota: isso foi muito depois de a pesquisa e do planejamento terem sido feitos em sessões anteriores de timeboxing), títulos de uma única palavra (às 14:15, 14:30, 14:45, 15:15 e 15:45) foram suficientes para fazer o esboço do capítulo.

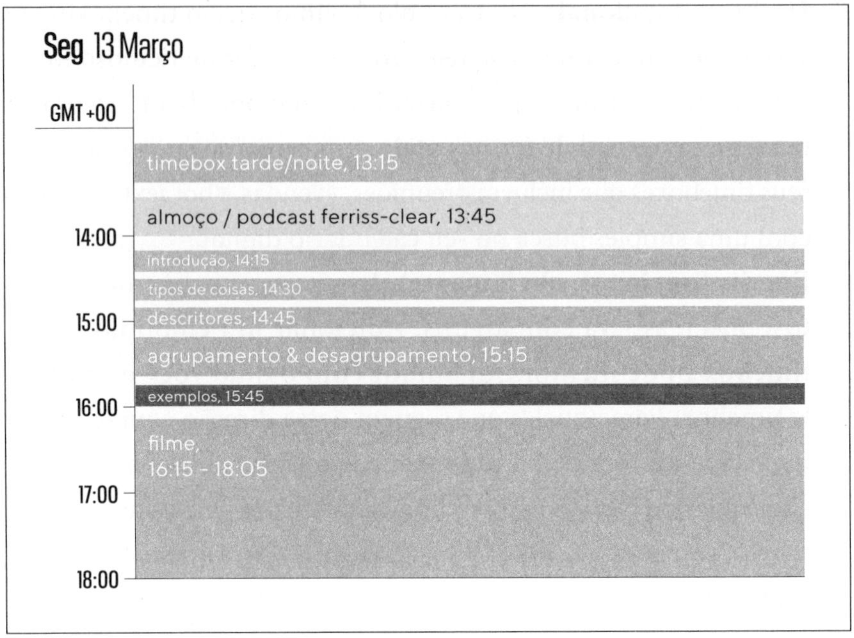

Embora sejam rápidos de criar, os timeboxes são em si mesmos obras das quais se orgulhar. De fato, se você usar um calendário compartilhado, seus timeboxes podem muito bem ser vistos por outros. Mas mesmo que não sejam, este é o seu sistema de produtividade pessoal. Quanto melhores os timeboxes, melhor o resultado.

Revisão

- Timeboxes podem ser usados para muitos propósitos diferentes. Há basicamente dois tipos de timebox: timeboxes de planejamento anteriores ao dia (15 ou 30 minutos) e timeboxes ao longo do dia que descrevem as tarefas em si.
- Certifique-se de que as tarefas que você seleciona para os timeboxes tenham o tamanho certo: nem tão grandes que ficam desanimadoras, nem tão pequenas que ficam inúteis.

- Descreva-as bem, com verbos de comando e/ou informações apropriadas. O título é fundamental.

Para refletir

- Que tipos de tarefas você tende a evitar? Que características elas têm em comum?
- Pense em uma grande tarefa que você tem pela frente. Como poderia dividi-la em pedaços mais palatáveis e digeríveis?
- Dê uma olhada na sua lista de tarefas ou nos timeboxes do seu calendário. Quão informativos são seus títulos? Quão inspiradores são? Como você poderia descrevê-los com um pouco mais de vivacidade? Imagine-se olhando para eles daqui a 6 ou 12 meses: ainda farão sentido?
- Releia a seção de organização por cores deste capítulo. Quais são os componentes mais importantes (escolha três, quatro ou cinco) da sua vida? Você tem alguma ideia de como divide seu tempo entre eles?

Nunca se percebe o que foi feito;
só se pode ver o que ainda resta a ser feito.

— Marie Curie

12. Dimensionando o timebox

Palavras-chave:	Estimativa; prática; dados empíricos; amostragem; extrapolação; senso de tempo; paradoxo da escolha; menos é mais
Contagem de palavras:	1.354
Tempo de leitura:	7 minutos

Como descobrir quanto tempo uma tarefa vai levar? Como estimamos o tempo que devemos alocar ao timebox de uma tarefa? Essa é uma das preocupações mais comuns quanto ao timeboxing.

Quanto tempo vai levar para responder àquele e-mail difícil? Ou para trocar todos os lençóis da casa? Ou para ter aquela conversa difícil com o cunhado? Ou para reformular aquele conjunto de slides? Ou para analisar os números de vendas do mês passado?

Precisamos ser capazes de estimar quanto tempo uma tarefa vai levar — dimensionar o timebox — para que o timeboxing funcione. Isso é mais fácil do que pode parecer a princípio.

Estimar não parece fácil...

Não há muito meio-termo. Se subestimarmos nossos timeboxes, não completaremos o trabalho ou o faremos mal, sentindo-nos frustrados e insatisfeitos. Se os superestimarmos, desperdiçaremos tempo e seremos improdutivos. E para projetos mais complexos que serão compostos de vários timeboxes cumulativos (pintar a casa inteira, se preparar para um teste prático de violino, criar um site), uma estimativa inexata pode ter consequências materiais cumulativas.

Além disso, muitos de nós somos propensos a um viés cognitivo que nos encoraja a subestimar o tempo necessário para as tarefas. A falácia do planejamento, descrita por Daniel Kahneman e Amos Tversky em 1977,[51] é "a tendência de subestimar a quantidade de tempo necessária para completar uma tarefa futura devido em parte à confiança em cenários excessivamente otimistas quanto ao desempenho". É fácil levar em conta as etapas envolvidas em uma tarefa, mas temos dificuldade em lembrar dos possíveis contratempos: um telefone tocar, um servidor cair, uma tarefa inesperada surgir dentro de outra, uma visita bater à porta, uma nevasca acontecer...

De alguma forma, precisamos encontrar o equilíbrio perfeito. Mas como?

... mas na verdade não é tão difícil

É perfeitamente possível estimar o tamanho das suas tarefas com precisão suficiente para fazer o timeboxing funcionar.

Para a maioria das coisas que fazemos, temos alguma experiência relevante para tomar como base. Ao comparar tarefas programadas para o futuro com tarefas semelhantes do passado, efetivamente consideramos a possibilidade e a probabilidade de contratempos imprevistos: nós os vivenciamos no mundo real cheio de obstáculos. Temos experiências reais com e-mails longos e dolorosos, lençóis sujos, conversas difíceis, apresentações de slides complicadas, números de vendas brutos e com quanto tempo demorou para lidar com cada um. Claro, é raro encontrarmos *exatamente* a mesma tarefa de novo, mas é parecida o suficiente para criar timeboxes de maneira eficiente.

Desenvolva seu senso de tempo

Podemos melhorar nosso senso geral de quanto tempo tarefas duram com dados empíricos explícitos. Em média, nós: lemos 250 palavras por minuto; lidamos com aproximadamente um e-mail por minuto; demoramos 3 horas para escrever 2 mil palavras; levamos 4 minutos para esvaziar a lava-louças; demoramos apenas 15 minutos para fazer o timeboxing do dia inteiro; demoramos 30 minutos para cozinhar um dos pratos de *Jamie 30 minutos e pronto*.[52]

Podemos tornar isso mais específico e pertinente ao cronometrar algumas das atividades do nosso dia a dia. Quanto tempo demora para você:

- completar sua corrida/caminhada habitual
- lavar roupas

- tomar banho
- passear com o cachorro
- arrumar as crianças para a escola
- pesquisar/escrever/editar uma postagem de blog
- se preparar para uma reunião
- abordar cinco potenciais clientes para vendas
- esvaziar uma caixa de entrada com 50 e-mails
- escrever a ata de uma reunião.

Ver suas atividades diárias comuns ao lado de seus respectivos tempos de duração pode ser revelador. Você pode decidir eliminar uma delas, tentar acelerar uma tarefa específica ou fundir duas atividades razoavelmente harmônicas (fazer um café + esvaziar a lava-louças ou ouvir um podcast + correr). Talvez você se surpreenda com a rapidez com que algumas tarefas intimidadoras podem ser feitas; e isso pode fazê-las parecerem menos intimidadoras. Organizar tarefas e durações dessa maneira permitirá que você se torne melhor em estimar o tamanho dos seus timeboxes.

Quando realmente não temos certeza sobre uma tarefa, a amostragem pode ajudar. Suponha que você tenha que revisar os currículos de 80 candidatos e que de fato não tenha feito uma tarefa como essa anteriormente. Em vez de definir um tempo arbitrário e provavelmente errar, seria melhor revisar alguns currículos, cronometrar quanto tempo isso leva e extrapolar. Por exemplo, se 5 currículos demoram 15 minutos, temos uma média de 3 minutos por currículo, mas talvez você fique um pouco mais rápido com a experiência, então a média geral pode ser de 2,5 minutos por currículo. Isto é: 24 currículos por hora. Dessa forma, você sabe que precisará de um pouco mais de 3 horas, por volta de 3,5 horas com uma pausa ou duas.

Tudo isso deve ajudar você a desenvolver uma intuição de quanto tempo as tarefas levam, o seu senso de tempo.

Pequeno, médio e grande

Recomendo escolher apenas três tamanhos de timebox e utilizar somente eles. Tentar decidir entre timeboxes pequenos, médios e grandes é muito mais fácil do que escolher entre vários possíveis períodos de tempo. Evite ataques de indecisão (esta é uma tarefa de 4 ou 7 minutos?) ao dar a si mesmo um número pequeno de opções. É por isso, inclusive, que a sequência de Fibonacci (0, 1, 1, 2, 3, 5, 8, 13, 21, 34 etc. — em que o próximo termo na sequência é a soma dos dois anteriores) é usada para estimar o tamanho das tarefas no desenvolvimento de softwares; a maioria dos números foi removida para que engenheiros e gerentes de produto não tenham o ônus de uma abundância desnecessária de escolhas.

Quanto aos tamanhos que você escolher, há alguns fatores a considerar. Se você tem dificuldade em se concentrar por longos períodos, opte por timeboxes menores. Se o seu trabalho se encaixa naturalmente com certas durações, siga essa orientação. As configurações-padrão no programa de calendário escolhido também podem ser uma razão prática e logística para escolher, por exemplo, 25 minutos em vez de 20 minutos; você não vai querer ter o trabalho de fazer múltiplos ajustes no seu calendário cada vez que adiciona um timebox.

Meus timeboxes são de 15, 30 ou 60 minutos: pequeno, médio e grande. Menos de 15 é pouco demais para o timebox valer a pena (a administração se torna trabalhosa, desagradável e contraproducente) e assim eu agrupo tais pequenas tarefas para compor timeboxes maiores e mais valiosos (conforme o capítulo anterior). Sinto que as tarefas que provavelmente levarão mais de 1 hora parecem onerosas demais, então prefiro dividi-las em partes menores. Meu timebox-padrão é de 30 minutos. Note que a técnica Pomodoro tem 25 minutos e que a duração-padrão de compromissos nos calendários do Google e da Microsoft (no momento da escrita) são de 25 e 30 minutos, respectivamente. Há sabedoria nesse agrupamento e sentido nesse consenso.

Apenas comece. Você não vai acertar o tamanho dos seus timeboxes logo de começo, então espere cometer erros e ajustar. Se superestimar ou subestimar o tamanho de algumas tarefas no início, você pode adaptar o escopo. Pode, por exemplo, fazê-la mais rápido, improvisando algumas coisas, ou mais devagar, tomando mais cuidado. Isso é um recurso central do timeboxing (veja o Capítulo 16). Lembre-se: o objetivo de um timebox é fazer algo com um padrão de qualidade aceitável, que pode ser ajustado. Para a maioria das tarefas, não há um fato objetivo sobre quanto tempo deve levar. Flexibilidade é central, é apropriada e necessária para o dimensionamento e para o timeboxing como um todo.

Revisão

- Estimar quanto tempo as tarefas devem levar é necessário para o timeboxing, mas não é difícil.
- Proteja-se contra a falácia do planejamento: subestimar os atrasos que o inesperado pode trazer. Considere, sempre que possível, a experiência fornecida pelo mundo real.
- Podemos desenvolver nosso senso de tempo observando o que fazemos e quanto tempo leva.
- Escolha um tamanho de timebox pequeno, médio e grande e utilize apenas esses. Minha recomendação específica é de 15, 30 e 60 minutos.

Para refletir

- Liste algumas atividades que ocorrem frequentemente em sua vida e estime sua duração.
- Agora, encontre uma maneira de realmente cronometrar essas atividades. Há alguma surpresa? O que você poderia fazer para aumentar sua eficiência?
- Quanto tempo levará para você ler o próximo capítulo? Cronometre. Como isso se compara ao tempo de leitura estimado?

Desejar exige tanta energia quanto planejar.

— Eleanor Roosevelt

13. Ordenamento de timeboxes

Palavras-chave:	Sequência; série; ordem; prioridade; energia; peso do mundo; pegar o touro pelos chifres
Contagem de palavras:	2.469
Tempo de leitura:	12 minutos

Você selecionou suas tarefas, fez os timeboxes e os dimensionou. Onde no seu calendário você deve colocá-los agora?

Claro, não é tão simples assim no desafiador e complicado mundo real. Na verdade, você pode escolher a tarefa, descrevê-la, dimensioná-la, tornar a descrevê-la, ordená-la, reordená-la, redimensioná-la, ou algum tipo semelhante de sequência rápida de iteração. No entanto, a questão de *onde* alocar o timebox no calendário surgirá em algum momento, *geralmente* após o timebox ter sido feito e dimensionado.

Você já terá uma noção de quais tarefas olhar primeiro se elas estiverem ordenadas na lista de acordo com suas prioridades. A priorização da lista de tarefas muitas vezes exigirá um esforço de rememoração: durante a noite, seu chefe cobrou uma resposta; uma nova previsão de chuva significa que você precisa cancelar um evento ao ar livre; você se lembrou de que alguém depende da realização rápida de um item mais abaixo na lista etc. Sua priorização de tarefas é apenas uma aproximação para ajudar na ordenação dos seus timeboxes.

À medida que mais e mais pessoas podem trabalhar de forma flexível (em termos de horários e localização), temos mais opções para quando fazemos o quê, ou seja, onde alocar nossos timeboxes. Existem quatro considerações para decidir a ordem dos seus timeboxes: compromissos preexistentes, dependências, psicologia e energia.

Compromissos preexistentes

Em primeiro lugar, temos os compromissos preexistentes do seu calendário, muitos dos quais provavelmente são reuniões. A princípio, você organizará seus timeboxes ao redor desses compromissos já estabelecidos. Tente resistir a essa dinâmica no decorrer das próximas semanas. Decida quando gostaria de colocar seus timeboxes para as tarefas intencionais e organize suas reuniões fora desses períodos. Claro, isso nem sempre será possível (um compromisso fixo de voluntariado, um cliente inflexível, um colega em um fuso horário diferente, uma conversa com um chefe muito ocupado), mas escolher quando fazer o que você deseja fazer é uma parte importante de reivindicar sua autonomia e sentir-se no controle do trabalho e da vida. Então, informe às pessoas de que você prefere não ter reuniões na sexta-feira à tarde, por exemplo. E, claro, a maneira mais eficaz e eficiente de informá-las é bloquear esse tempo em seu calendário.

Dependências

A maioria das tarefas não são atividades isoladas. Estão relacionadas umas às outras. Essa relação muitas vezes assume a forma de uma dependência: reservar a hospedagem antes das férias, se preparar para a reunião antes da reunião, pesquisar antes de escrever, ensaiar antes de apresentar, consultar a equipe antes de contratar, comprar o presente antes do aniversário. E, claro, quando há uma dependência e a noção de uma tarefa antecedente e uma subsequente, a ordenação dos nossos timeboxes deve refletir isso. Existem vários tipos de dependência.

Decisões importantes

Decisões de alto impacto dependem de informações relevantes e de alta qualidade. Essas informações devem incluir dados e também consultas com as pessoas certas. Se possível, encontre uma maneira de incorporar pelo menos uma noite de sono restaurador e consolidador entre a coleta das informações e a tomada da decisão. Por exemplo, suponha que você esteja contratando para uma posição crucial. Você tem dois candidatos fortes, e a decisão está acirrada. Reúna as descrições do cargo, os critérios de avaliação, análises de entrevistas, portfólios de trabalho enviados, perfis on-line, dissemine para todos que precisam ver as informações e dê a todos uma ou duas noites antes de se reunirem para discutir e decidir. Então: um timebox antecedente para a coleta e a disseminação das informações, outro subsequente para a reunião de tomada de decisão.

Preparação para reuniões

Reuniões são comuns; portanto, a preparação é importante. Seja pelo puro volume, se não pelos altos riscos envolvidos. A diferença entre alguém que vai para uma reunião de negócios tendo se preparado por ao menos 5 minutos *versus* alguém que apenas aparece é palpável. A pessoa preparada é mais provável de estar familiarizada e confortável com os nomes de todos os outros participantes, saber quando a última reunião ocorreu, mencionar algo sobre as medidas da última reunião e ter um senso mais claro do que estão tentando alcançar. As pessoas tendem a estar ainda menos preparadas para reuniões recorrentes, que, depois de um tempo, perdem seu brilho. Mas reuniões são recorrentes por um motivo — e esse motivo é que há uma questão em aberto que demanda a atenção contínua de algum grupo. Combata essa tendência improdutiva e desfavorável de desconsiderar tais reuniões colocando um timebox recorrente algumas horas ou um dia antes do evento recorrente (isso é ainda mais eficaz com eventos anuais fácil e frequentemente esquecidos, como aniversários e datas comemorativas). Estar completamente preparado para reuniões, de forma consistente, é um comportamento raro, e você se destacará se conseguir adotar este hábito com a ajuda do timeboxing. Você se tornará um colega, amigo, filha etc. mais confiável e de maior desempenho. O timeboxing possibilita, de forma sistemática, o planejamento antecipado.

Considere também se preparar para reuniões não relacionadas ao trabalho. Você combinou de dar uma passada para ver como está sua sogra.

Disse que tomaria um café com um vizinho idoso. Prometeu passar um tempo desenhando com sua filha de 8 anos esta noite. Você se preparou para *essas* reuniões? Um timebox de 15 minutos para preparação, durante o qual você lista o que pode capturar a imaginação de um ente querido na próxima interação, pode ser a melhor coisa que você vai fazer o ano todo. Essas oportunidades são muito transitórias. Lembre-se de alguns dos arrependimentos de vida listados no *Capítulo 8 — Para uma vida intencional.*

Dependências colaborativas

Suponha que alguém precise que você faça algo. Assumindo que seja um pedido que você deseja cumprir, pergunte para quando precisa disso, agende um horário entre agora e o prazo final e diga que está agendado (e quando). Sua atitude será apreciada. Ou imagine que você precise que alguém faça algo. Especifique para quando precisa e pergunte à pessoa *quando* ela pretende fazer. Isso pode parecer desconfortável e direto demais, mas na verdade é um pedido perfeitamente razoável e um meio de alcançar os efeitos relacionados do timeboxing colaborativo. Você pode não ser capaz de influenciar toda a sua empresa, mas talvez possa influenciar toda a sua família ou toda a sua equipe.

Dependências leves

Às vezes, há uma conexão entre dois eventos ou tarefas, mas não uma dependência rígida. Por exemplo, pode ser *ligeiramente preferível*: ter aquela conversa com seu colega antes de escrever a avaliação dele; receber seus novos tênis de corrida antes de ir à academia; ler aquele relatório sobre sustentabilidade no setor varejista antes do almoço com um chefe preocupado com o meio ambiente. Em qualquer um desses casos, você agenda os eventos antecedentes e subsequentes quase como se fossem dependências rígidas. As conexões entre informações, eventos, pessoas e tarefas são ricas e complexas. Isso é o que torna a vida interessante e faz do timeboxing uma arte. Ao realizar, de forma intencional, a curadoria, a preparação e o sequenciamento do que você faz, você se torna o legítimo arquiteto da sua experiência consciente.

Lembretes

Por mais que eu tente, não consigo pensar em uma maneira melhor de lembrar de itens menores a tempo do que colocando um timebox no calendário. Isso se aplica especialmente a atividades básicas e simples que, de outra forma, poderiam nem acontecer. Suponha que um amigo próximo tenha uma entrevista de emprego nesta sexta-feira e você pensa em desejar-lhe sorte naquela manhã. Como você se certifica de fazer isso? Você poderia apostar em lembrar, o que às vezes dá certo. Ou poderia colocar na sua lista de tarefas, mas e se você não chegar à lista antes de sexta-feira? Você poderia configurar um alarme no seu telefone, mas isso é uma tarefa administrativa extra além da gestão do calendário.

É melhor só colocar um pequeno timebox no seu calendário logo cedo na sexta-feira. Isso praticamente garante o sucesso e, com sorte, sua atenciosa gentileza vai imbuir no seu amigo conforto e coragem em um dia de nervosismo. O timeboxing garante que a tarefa receba sua atenção no momento certo (uma lista de tarefas apenas garante sua atenção *em algum momento*). Note também que esse tipo de lembrete é para um evento (a entrevista de emprego de outra pessoa, neste caso) que você provavelmente não vai precisar ou querer agendar para si mesmo; há uma dependência em algo *fora* do seu calendário, fora do seu mundo imediato.

Prazos autoimpostos

Um prazo é um componente essencial de uma tarefa. Uma tarefa sem prazo está incompleta, como uma reunião sem hora para terminar. Esse prazo deve ser comunicado de forma clara para podermos fazer o timebox de maneira adequada; se não soubermos a devida urgência, não podemos ordenar nossos timeboxes de maneira sensata e não temos como priorizar. No entanto, às vezes nenhuma urgência é especificada. Isso é comum em projetos não colaborativos como ler, aprender ou brincar com seus filhos. Nestes casos, você precisa *impor* uma restrição. Quanto e com que frequência você quer isso na sua vida? Depois de responder essa pergunta, insira no seu calendário e no seu dia a dia com a extensão e a frequência desejadas. Por meio do timeboxing, aquela classe de tarefas notoriamente negligenciadas — as importantes, mas não urgentes — enfim recebe a exposição e a atenção que merece.

Um calendário de timeboxing oferece a visualização prática perfeita de todos esses tipos de dependência. Você pode ver a tarefa subsequente (que, paradoxalmente, tende a entrar primeiro no calendário) e determinar se deve haver uma tarefa anterior (e qual deve ser o intervalo entre as duas).

Visualizando 3 dependências

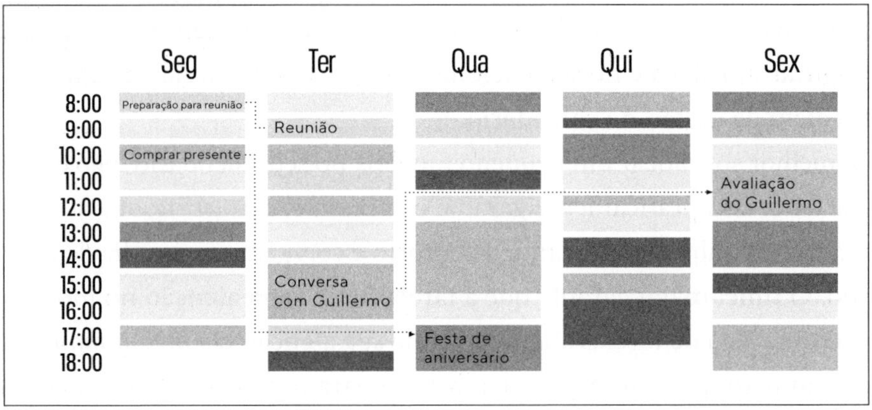

Psicologia

Muitos truques de produtividade defendem a ideia de fazer as tarefas mais difíceis logo cedo. Frases comuns transmitem essa ideia: cortar o mal pela raiz, resolver o pior primeiro, pegar o touro pelos chifres (minha favorita). Mas há também a abordagem das vitórias rápidas, que é exatamente o oposto: criar um impulso para o seu dia fazendo algumas tarefas pequenas em primeiro lugar.

Pessoalmente, prefiro começar com as tarefas grandes, difíceis ou mais intimidadoras. Gosto da sensação de que meu dia vai ficar mais fácil e, dessa forma, eu carrego qualquer preocupação pelo menor tempo possível. A evidência[53] científica é dividida nesse ponto; mas, no geral, é mais favorável a essa abordagem. Considere esses argumentos gerais e estudos e decida qual — difícil mais cedo ou difícil mais tarde — funciona melhor para você.

Energia

Seus níveis de energia também são um fator. De fato, alguns especialistas preferem falar em gestão de energia, em vez de gestão de tempo.

Uma maneira simplista e clichê, mas comum, de pensar sobre os níveis de energia é por intermédio da dicotomia entre pessoas diurnas e noturnas. Cada um de nós tem seu próprio ritmo circadiano e taxa pessoal de produção de hormônios e metabolismo. Você acorda cedo? Está ativo e operante logo após acordar? Sente-se inspirado na tranquilidade do amanhecer (sem barulho, sem ligações, sem notificações, sem *perspectiva* de quaisquer notificações)? Se sim, seu calendário tenderá a ficar mais cheio nessas horas e você deverá estar em uma condição melhor de produzir mais. E, claro, o inverso também é verdadeiro. Mas note que as pessoas diurnas desfrutam de algumas vantagens. As noturnas têm uma taxa de mortalidade um pouco mais alta,[54] e a sociedade também é mais estruturada para começar cedo. Então, se você sente que pode escolher (e bons 80% de nós pode),[55] escolha começar cedo.

Energia também diz respeito ao humor. Você está pronto para arregaçar as mangas, colocar seus fones de ouvido e trabalhar em uma pilha de tarefas monótonas? Ou está em busca de algo criativo? Está disposto a lidar com interações sociais ou preferiria um dia tranquilo? Entender quais tipos de trabalho se adequam a quais níveis de energia para você é a arte aqui, arte essa que Steve Jobs aparentemente considerava importante.[56] Certas atividades — como se exercitar, meditar, respirar ar fresco, tomar um banho frio, fazer uma pausa — podem aumentar sua energia, pelo menos por um tempo. Portanto, considere colocar timeboxes energizantes de forma estratégica para que você esteja revigorado quando mais precisar. O outro lado da moeda é não colocar tarefas psicológica ou emocionalmente difíceis em momentos de provável exaustão. Por exemplo, após uma longa reunião, uma palestra, um dia de ensino domiciliar forçado etc.

É possível, e às vezes desejável, monitorar e manipular seus níveis de energia. Mantenha-se sob observação verificando de tempos em tempos. Como estou me sentindo? Minha energia está alta ou baixa? Está aumentando ou diminuindo? Então considere se deve efetuar uma mudança: uma bebida (café, chá, água), meditação, exercícios de respiração, exercício físico, uma pausa, uma caminhada.

Et voilà!

Seu treinamento inicial para criar um dia inteiramente organizado por timeboxes agora está completo. No dia em que fiz o primeiro esboço deste capítulo, meu próprio calendário de timeboxing estava assim:

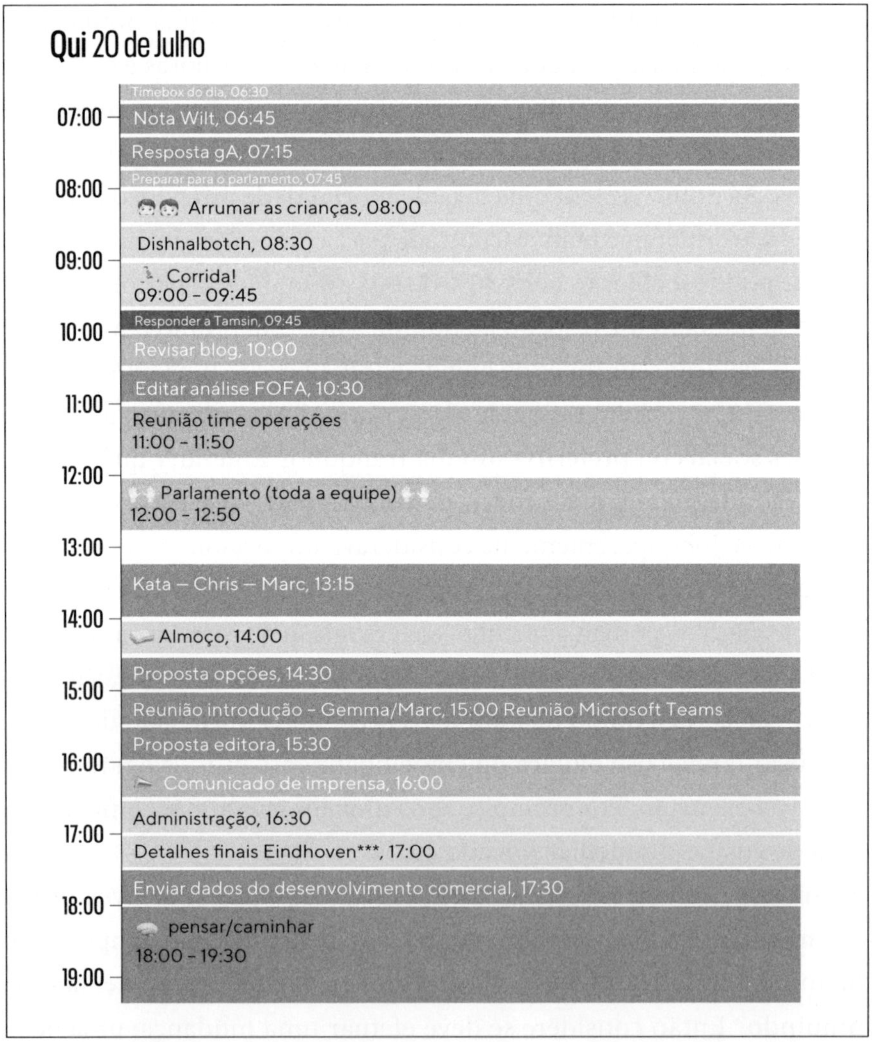

Algumas pessoas ficam horrorizadas quando veem um timebox totalmente cheio pela primeira vez. Dizem que é um pesadelo. Na verdade, um timebox totalmente cheio não é um pesadelo; é a única escapatória do pesadelo. O que está acima é muito para se fazer em um dia (note que a maioria dos meus dias não é tão cheio). Mas, em qualquer dado momento, havia apenas uma única coisa a fazer. É aí que está a paz e o poder de fazer uma coisa de cada vez.

E quando tiver feito, dimensionado e ordenado seus timeboxes para o dia, dê uma pausa. Olhe para o dia inteiro que você planejou. Admire-o. Note que, se tudo acontecer como planejou (e lembre-se que agora é provável que aconteça), você terá vivido um bom dia.

■ ■ ■ ■

A ordem dos seus timeboxes é importante. Eles devem ser organizados de maneira lógica e levar em conta sua própria personalidade, psicologia e energia. Mas também não se preocupe demais. Um timebox não é inflexível. No meu caso, um ou dois timeboxes são alterados ao longo do dia conforme as prioridades mudam e a vida acontece. Mas tudo bem. A manobra leva apenas alguns segundos e é tudo parte do processo.

Revisão

- Após selecionar suas tarefas e dimensioná-las, você precisa decidir onde alocá-las em seu calendário.
- Os quatro fatores para decidir a ordem em que os timeboxes aparecem em um calendário são: compromissos preexistentes, dependências, psicologia e energia.
- Timeboxes podem ser ajustados conforme as prioridades mudam, mas isso deve ser a exceção, não a regra.

Para refletir

- Você prefere fazer trabalhos difíceis mais cedo ou mais tarde no dia? Você já experimentou fazer o contrário da sua preferência?
- O que você entende menos: como fazer, como dimensionar ou como ordenar um timebox?
- Pense em alguém que você ama. Sobre o que a pessoa gosta de conversar com você? Sobre o que você mais gosta de conversar com ela? Liste cinco desses tópicos, salve-os no seu telefone e faça um timebox para revisar essas anotações pouco antes (perceba a dependência!) de ver essa pessoa novamente.

PARTE TRÊS — FAZER

A Parte Três é sobre como tirar o máximo proveito do método nos momentos de cada timebox. Comece, mova-se rapidamente, produza algo tangível e mantenha-se atento à tarefa imediata, mesmo enquanto mil distrações batem à sua porta.

A história é sobre você.

— Horácio

14. Este exato capítulo

Palavras-chave:	Aprender fazendo; aplicação; imersão; notar; observar
Contagem de palavras:	1.129
Tempo de leitura:	6 minutos

Comece o hábito de timeboxing seriamente agora mesmo, nos próximos segundos. Mas como? Você está ocupado lendo um livro. Podemos dar um jeito nisso.

Você vai fazer um timebox para a leitura do *Capítulo 14 — Este exato capítulo*. Embora não seja um timebox-padrão (pode não ter sido retirado da sua lista de tarefas), oferecerá o suficiente da experiência para valer a pena e reafirmar o que você aprendeu até agora, trazendo relevância extra para os capítulos seguintes.

Primeiro, como acabamos de ver nos últimos três capítulos, você precisará fazer, dimensionar e ordenar seu timebox. Este capítulo tem 1.129 palavras e deve levar apenas 6 minutos para ser lido. Mas, como você pode pausar uma ou duas vezes para refletir e também há um exercício no meio do capítulo, vamos fazer um timebox de 15 minutos. Que horas são para você agora? OK, então o timebox é "Ler o Capítulo 14", ele começa agora e termina daqui a 15 minutos. Seu timebox acaba de ser feito, dimensionado e ordenado. O planejamento está completo. Você agora está pronto para cruzar uma importante linha hipotética e entrar no timebox em si.

Então, agora você está nele. No timebox. Está praticando o timeboxing. Você, portanto, acaba de ter sucesso com um de seus objetivos ao escolher este livro, assim como eu ao escrevê-lo.

Deixe todo o resto de lado. É essencial que você permaneça focado nas páginas restantes deste capítulo pelos próximos minutos.

Agora você faz parte da história

A história sem fim, Graça infinita, Se um viajante numa noite de inverno, o gênero literário de escolha-sua-própria-aventura e outras obras imaginativas de ficção e filmes colocam o leitor explicitamente na narrativa para encantar e entreter. No mínimo, espero que você esteja envolvido.

Aprender fazendo

Vou adotar uma abordagem imersiva neste capítulo porque aprendemos mais fazendo do que apenas lendo. Mais precisamente, aprendemos melhor combinando teoria e prática.

No mundo da educação adulta, há uma teoria de aprendizado chamada 70:20:10. Ela afirma que 70% do nosso aprendizado vem de experiências relacionadas ao trabalho, 20% de interações com colegas e 10% de treinamento formal. Os números não são precisos, não pretendem ser e não importam de verdade. O que importa é a crença amplamente difundida de que é na *aplicação da teoria* que muito (de fato, a maior parte) da reconfiguração neural de nossos cérebros acontece.

Então, faça o timeboxing, não apenas leia sobre timeboxing. Esse incentivo e tendência prática já devem ser familiares agora.

Pequenos timeboxes para começar

Bem, começamos pequeno. Este é apenas um curto capítulo para se ler, e você já passou por um terço dele.

Para os próximos timeboxes que você fizer após este, sugiro manter as tarefas igualmente gerenciáveis. Pense agora — sim, enquanto ainda está neste timebox do Capítulo 14 — sobre o que poderiam ser esses próximos e modestos timeboxes. Algumas ideias:

- Você tem algumas tarefas pequenas e irritantes que poderiam ser agrupadas em um único timebox de 15 minutos? Quais são elas?

Faça com que aconteçam. Mova-as para o topo da sua lista de tarefas agora mesmo. Melhor ainda, crie o timebox no qual você resolverá essas pequenas questões.

- Você tem alguma reunião importante prevista para a próxima semana? Escolha uma e faça um timebox de 15 ou 30 minutos antes dela para se preparar. Ou dê a si mesmo um presente que continuará te beneficiando: encontre uma reunião *recorrente* importante e adicione um timebox *recorrente* um pouco antes dela.
- Que tal fazer o timeboxing de uma tarde inteira? Suponha que seja terça-feira de manhã agora e sua tarde de quinta-feira pareça relativamente livre. Então, agora mesmo, faça o timebox de algumas tarefas para preencher aquela tarde. E talvez isso possa se tornar uma rotina em si: fazer o timeboxing das tardes de quinta-feira na terça-feira anterior. Então configure essa atividade de terça-feira como um compromisso semanal recorrente.
- Ou dê um desafio semanal para si mesmo. Planeje e comprometa-se com alguns timeboxes todos os dias por uma semana. Pode ser para ler os 10 capítulos restantes deste livro. Você seria capaz de estender o desafio para um mês?

Independentemente de como escolher começar com o timeboxing, pause a leitura agora. Revise sua lista de tarefas e tire alguns minutos para adicionar pequenos timeboxes ao seu calendário antes de continuar com o restante deste capítulo.

O que você percebeu?

Se o timeboxing deste capítulo estiver indo conforme o planejado, você provavelmente terá considerado seu papel como protagonista, aceitado a ideia de aprender fazendo, colocado o livro de lado, adicionado um timebox ao seu calendário, retomado a leitura do livro e ainda estará com cerca de 5 minutos restantes neste timebox. Se isso é exatamente o que está acontecendo, parabéns, você é sortudo, possui um talento natural.

E, se não for, você também está com sorte: tem o material perfeito para contemplar. O que foi que te desviou do caminho? Tente seguir a cadeia causal. Por exemplo, você se distraiu? Com o quê? Foi uma distração externa ou um pensamento? Tem certeza de que foi exatamente isso? Ou você perdeu sua concentração antes disso? A distração poderia ter sido evitada? Como você poderia evitá-la no futuro? Vamos explorar mais a fundo este labirinto de ideias no *Capítulo 18 — Buracos negros e outras distrações.*

Agora você está chegando ao fim do seu timebox. Respire fundo e traga lentamente sua consciência de volta ao seu ambiente e às outras responsabilidades do seu dia. Reconheça os benefícios da prática e leve consigo essa sensação de calma, clareza e produtividade ao longo do dia. Lembre-se de que pode retornar a esse estado de produtividade e paz pragmática sempre que precisar. Agradeça a si mesmo por decidir usar este tempo com intenção.

Parabéns. Naturalmente, você vai melhorar com a prática e à medida que ler mais sobre como fazer e incorporar o timeboxing no seu próprio contexto. Com a experiência que ganhou nos últimos 15 minutos ou mais, cada página que se segue deve repercutir ainda mais.

Revisão

- O capítulo oferece um exercício de timeboxing para você praticar enquanto o lê.
- O timeboxing pode ser aprendido mais rapidamente ao intercalar teoria com prática.
- Você começará melhor ao começar pequeno.

Para refletir

- Você fez o timebox deste capítulo? Se não, por quê? E se não, qual é a próxima tarefa (pequena) para a qual você *vai* fazer o timebox?
- Se você se distraiu de alguma forma durante a leitura deste capítulo (e 99% dos leitores terão se distraído), use essa distração para responder às perguntas na seção "O que você percebeu?".
- O método de "aprender fazendo" defendido e usado neste livro funciona para você? Se você resiste a ele, por qual motivo acha que faz isso? Que ajuste poderia ajudá-lo a tirar mais proveito da próxima sugestão de praticar o timeboxing conforme avança na leitura?

Um todo é aquilo que tem começo, meio e fim.

- Aristóteles

15. Começo - meio - fim

Palavras-chave:	O meio arrastado; estímulo; pontualidade; meticulosidade; antiprocrastrinação; pequenos atos; estado de flow
Contagem de palavras:	1.196
Tempo de leitura:	6 minutos

Nessa altura, você já deve ter feito o timeboxing pelo menos uma vez. Mas como poderia fazê-lo melhor? Quais são as boas práticas de timeboxing nos termos mais simples e diretos?

Claro, o início de um timebox não é o início do processo. Antes do tempo alocado para o seu timebox começar, você já o planejou e, antes disso, pode ter pensado um pouco sobre a tarefa quando ela ainda não passava de uma ideia na sua lista. O ponto é que você não deve — e não vai — chegar ao seu timebox despreparado. O método e a mentalidade do timeboxing encorajam o tipo de estímulo cognitivo prévio que ajudará você a executar com êxito as tarefas planejadas.

Traga sua experiência como protagonista do último capítulo para este. Lembre-se de como se sentiu no início, no meio e no fim. Dessa forma, começará a moldar sua própria versão do timeboxing.

Início

Os pontos sobre preparar o seu ambiente descritos no *Capítulo 9 — O básico* aplicam-se igualmente aqui. De fato, há uma probabilidade maior de se distrair ao implementar um timebox mais longo e executável do que um mais curto (de 15 minutos) para planejamento.

Inicie no horário. Começar mal pode levar a vários resultados indesejáveis. Você terá menos tempo para a tarefa, pode não cumprir o prazo e, pior ainda, pode ficar totalmente desencorajado com a prática do timeboxing. Claro, às vezes você começará tarde. Mas "às vezes" deve significar algo como uma vez em dez, não uma a cada duas.

Ter consciência dos seus horários de início (e fim) é útil. Para isso, escolha unidades de tempo familiares (15 minutos, meia hora, 1 hora inteira etc.), em vez de, por exemplo, 7:03, 12:19, 16:43 etc., para as quais a quantidade de aritmética adiciona uma carga cognitiva substancial. Facilite.

A procrastinação puxa o tapete de um início pontual. Muito já foi escrito sobre essa condição comum, então vou oferecer apenas uma sugestão pragmática que funciona para mim e muitos outros. Quando estiver enfrentando uma tarefa e sentir alguma inércia procrastinatória, identifique a menor ação inicial que você precisa para começá-la. Pode ser abrir um arquivo, ler um e-mail específico ou pesquisar aquele termo desconhecido. Pode ser algo ridiculamente minúsculo como pegar uma caneta! Para mim, essa primeira pequena tarefa é, muitas vezes, ir ao meu arquivo de anotações pessoais (no caso, um documento Google que uso durante o ano inteiro) e escrever os tópicos que logo constituirão a tarefa. Essa primeira e minúscula ação física, a ativação dos neurônios motores corretos, inicia uma cadeia de processos fisiológicos a partir dos quais as ações seguirão e farão com que sua tarefa seja realizada. Aqui estão alguns exemplos de ações rápidas para vencer a procrastinação:

Tarefa	Ações de início rápido
Lavar o carro	• buscar o balde • desemaranhar a mangueira • encontrar o detergente para a lavagem do carro • pegar as chaves do carro para reposicioná-lo (lavar na sombra é melhor, aparentemente)
Revisar um blog	• reabrir a mensagem que solicitou esta tarefa • dar uma olhada rápida e sem muito esforço no artigo • pesquisar esse blog • enviar uma mensagem ao autor ou à colega de marketing informando que você fez o timebox e quando, assim como quando sua revisão estará pronta

Verificar algumas faturas	• abrir o Microsoft Excel • abrir a fatura que você pode localizar mais facilmente
Planejar as férias	• elaborar uma lista de destinos possíveis e compartilhar com amigos/familiares para comentários • pesquisar no Google por "principais categorias de férias"
Responder a um e-mail difícil	• pensar sobre por que essa pessoa pode tê-lo enviado • abrir e reler, mesmo que seja desagradável • anotar as três coisas que você precisa dizer na sua resposta

Não questione a legitimidade do seu timebox. Você já teve esse debate consigo mesmo quando o planejou. E lembre-se: grande parte desse debate interno é seu subconsciente encontrando maneiras de se rebelar contra essa tarefa importante e um tanto difícil, mas necessária. E esse debate nunca terminará: substitua sua tarefa escolhida por outra e essa também estará vulnerável a mais adiamentos. É muito melhor, em vez disso, ter um sistema que, no longo prazo, o levará a fazer as coisas que mais precisa fazer. Como diz o lema do time de basquete americano Philadelphia 76ers: confie no processo.

Meio

Cuidado com o meio arrastado. Se uma tarefa é entediante, grande ou drena sua energia, você tem muito menos chances de concluí-la dentro do timebox planejado. Portanto, mantenha o meio curto ao manter todos os seus timeboxes igualmente curtos. Embora eu mantenha timeboxes de 15, 30 e 60 minutos, o último e maior destes é utilizado apenas em raras ocasiões, quando sei que preciso me dedicar com um período mais longo de trabalho contínuo e profundo.

Idealmente, quando você estiver no meio de uma tarefa, terá alcançado um estado de flow (o conceito de Csíkszentmihályi). O enigmático e cobiçado estado psicológico de flow é subjetivo por definição e difícil de precisar. Mas geralmente está associado a altos níveis de concentração e controle, perda da consciência de si, uma sensação de prazer intrínseco e uma percepção distorcida de tempo. Note, porém, que a última dessas características não implica uma completa falta de consciência temporal (o que seria problemático para a prática do timeboxing). É possível estar de fato em um estado de flow e simultaneamente estar consciente do tempo e da importância de verificá-lo de vez em quando. A sensação de tempo pode ser diferente, mas ainda assim ele pode ser ativamente gerenciado durante um estado de flow.

Fim

Lembre-se de também terminar no horário. Não fazer isso leva aos mesmos tipos de resultados indesejáveis de não começar no horário. Vamos olhar algumas maneiras de acelerar quando necessário no próximo capítulo.

Faça um bom fechamento. Ao terminar a tarefa com sucesso, desenvolva uma minicelebração de rotina: marque um item como concluído, troque a cor de um timebox, adicione um emoji de verificação (✓) ou simplesmente admire com satisfação o calendário de timeboxing ao qual você aderiu. Uma maneira mais substancial e social de celebrar seus esforços é compartilhar o resultado com alguém para quem ele seja útil: passe o bastão do progresso e mantenha a colmeia colaborativa zumbindo.

Com um pouco de prática, você executará bem o timeboxing: no início, no fim e no meio.

Revisão

- O início de um timebox ocorre bem antes do próprio timebox, na sessão de planejamento anterior.
- Comece bem: pontualmente e no ambiente apropriado.

- Ao sentir o início da procrastinação, identifique a menor primeira ação que você precisa tomar para iniciar a tarefa.
- Não questione a legitimidade do seu timebox. Apenas faça-o.
- Mantenha o meio do timebox curto ao introduzir metas mais frequentes.
- Busque alcançar um estado de flow não tornando as coisas nem muito fáceis, nem muito difíceis.
- Termine no horário e celebre a conclusão bem-sucedida da tarefa.

Para refletir

- Quão bom você é em começar uma tarefa? Quais obstáculos te atrasam? Você pode fazer algo para removê-los ou reduzir seu efeito?
- Pense sobre quando e como você entra em estado de flow. Quais condições propiciam isso a você? Como poderia tornar essas condições mais comuns à sua experiência de trabalho e de vida?
- Para você, qual é a minicelebração apropriada para uma tarefa?

O tempo é essencial.

- Direito contratual inglês e galês

16. Moderando e acelerando

Palavras-chave:	O triângulo do projeto; custo, tempo, escopo e qualidade; inovação; pontos de verificação
Contagem de palavras:	1.804
Tempo de leitura:	9 minutos

Eu gostaria de pensar que a essa altura você já está bastante comprometido com o timeboxing. Queremos que ele funcione, tanto o planejamento quanto a execução. Um problema é quando ficamos atrasados em relação ao cronograma: acabamos ficando sem tempo para a tarefa. Pode ser porque algo inesperado surgiu, porque a tarefa era mais difícil do que o esperado ou talvez apenas tenhamos desperdiçado tempo. Com um alerta antecipado e um plano de contingência adequado, ambos expostos aqui, essa objeção comum ao timeboxing cai por terra.

Contudo, primeiro relembre o Capítulo 12 sobre dimensionamento de timeboxes e como desenvolver essa habilidade. No início da sua jornada de timeboxing, estimar com precisão o tamanho dos timeboxes não é trivial, mas também não é tão difícil: comece, ajuste, reúna experiências e logo você estimará 80% dos seus timeboxes com o equilíbrio certo entre desafio e viabilidade. Este capítulo é para os 20% das situações em que você se atrasar.

Ponto de verificação intermediário

Se você sabe os horários de início e fim do seu timebox, também deve ter uma noção intuitiva do seu progresso.

Mas isso nem sempre será o suficiente. Defina um ponto de verificação no meio do caminho. O meio com relação ao *tempo* é claro e óbvio, especialmente se você definir horários redondos de início e fim. E, às vezes, o meio da própria tarefa também é óbvio (números de: palavras escritas, linhas de dados atualizadas, camisas passadas, pastéis montados). Mas também existem muitos outros tipos de tarefas para as quais o progresso não é medido de forma linear: criar um novo slogan para uma marca; planejar férias para um grupo de amigos da escola; progredir com seu plano de desenvolvimento pessoal. Para estas, você precisará desenvolver e depender de uma noção do que parece ser o ritmo certo. Você também pode redefinir a tarefa de maneira mais detalhada e numérica para quantificá-la. Os exemplos citados acima podem se tornar, respectivamente: criar seis opções de slogan; encontrar 10 fontes confiáveis de informações sobre férias; fazer a curadoria do caminho para a aprendizagem de cinco itens.

Qualidade, custo, tempo e escopo

Então, você conferiu sua situação no meio do caminho e está atrasado. O que deve fazer?

Podemos usar um conceito do mundo da gestão de projetos. A ideia é que, para qualquer projeto (ou seja, qualquer tarefa), há um equilíbrio a ser atingido entre qualidade, custo, tempo e escopo. Isso é representado pelo diagrama abaixo, chamado de triângulo de gerenciamento de projetos:

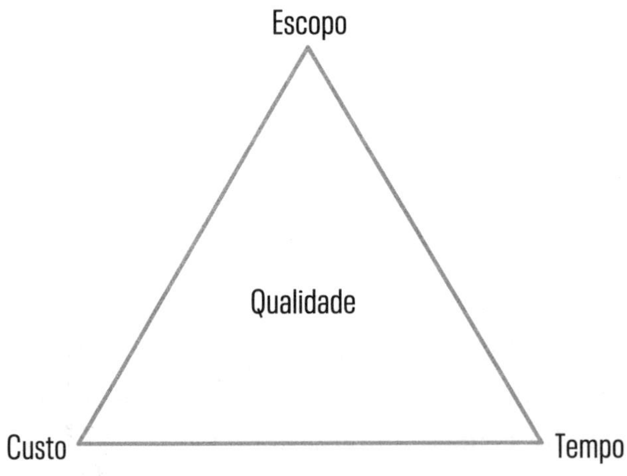

Compromissos precisam ser feitos e uma boa gestão de projetos é sobre realizar os compromissos certos para a satisfação de todos os envolvidos. É um modelo simples e, nos círculos de gerenciamento de projetos, às vezes é criticado por ser simplista demais para as dinâmicas caóticas do mundo real. Mas como uma estrutura para analisar e nos ajudar em timeboxes individuais e relativamente diretos, sua simplicidade é uma bênção.

O triângulo fornece uma estrutura para pensar sobre nossas opções diante da escassez de tempo. Existem cinco opções, e usaremos o exemplo de lidar com as roupas limpas de uma máquina de lavar que acabou de terminar seu ciclo.

Reduzir a qualidade

Também conhecido como acelerar. Agilizar não significa entrar em um pânico cego. Podemos ser comedidos com nossa aceleração. Na maioria das vezes, há um prejuízo aceitável a ser encontrado que atinge um equilíbrio prático entre qualidade e velocidade. *Pendurar as roupas rapidamente para que sequem, embora elas talvez fiquem mais amarrotadas do que você gostaria.*

Reduzir o escopo

Também conhecido como fazer menos. Algumas tarefas têm componentes que podem ser facilmente separados. Nestes casos, simplesmente dispense o mais dispensável e termine no tempo previsto, conforme planejado. *Focar os itens que você ou sua família precisam mais urgentemente (na minha casa, isso é sempre o uniforme de treino de jiu-jitsu, o gi).*

Aumentar o tempo

Também conhecido como estender o prazo. Você precisa de mais tempo, então, presumindo que não há nada crítico no outro lado do seu timebox, dê a si mesmo um pouco dele. Leva segundos para estender um timebox em um calendário digital por alguns campos verticais. *Usar os 10 minutos extras que você precisa para pendurar as roupas corretamente.*

Aumentar o custo

Também conhecido como pedir ajuda. O timeboxing é um meio de alcançar melhorias na sua própria produtividade, no qual o único (embora importante) custo é o tempo do praticante. Portanto, é raro que você consiga se adequar ao cronograma investindo dinheiro no problema em questão (trazendo alguma ajuda externa, por exemplo). Mas é concebível e está listado aqui como opção. *Pedir ajuda a um membro da família.*

Algo novo e especial

Também conhecido como inovar. Não se contente com sacrificar qualquer aspecto da qualidade, escopo, tempo ou custo; encontre uma maneira inovadora de fazer a tarefa (como o Fosbury Flop revolucionou o salto em altura, os Post-its se tornaram uma nova maneira de lembrar, os códigos de barras revolucionaram a logística, o iPhone mudou tudo). De forma menos glamorosa, porém mais pragmática, a inovação pode significar encontrar um novo software ou aplicativo, ou introduzir uma nova fórmula do Excel que faz uma mudança significativa na sua capacidade de terminar uma tarefa dentro do tempo estabelecido. Esta é a melhor solução, então é bom ter essa inclinação, mas espere que seja a exceção, em vez da regra. *Investir em uma secadora de roupas.*

Em *Hábitos atômicos — um método fácil e comprovado de criar bons hábitos e se livrar dos maus*, James Clear defende enfaticamente a redução do escopo; de fato, um de seus mantras é "mude o escopo, não o cronograma". Ele oferece o exemplo de reduzir o escopo de uma corrida de 5 quilômetros para apenas 2 quilômetros quando fica com menos tempo do que o planejado. Outros exemplos podem incluir cozinhar uma refeição menos impressionante, aspirar um único cômodo, em vez de toda a casa, ou ler um único artigo científico essencial sobre algum tópico, em vez dos cinco que havia planejado. Em geral, esta é uma heurística útil e esclarecedora. Mas há situações em que faz mais sentido reduzir a qualidade (acelerar) ou aumentar o tempo (mudar o cronograma). Para adicionar algum contexto imaginário ao exemplo de Clear: é fim de semana, você está no início de um regime de treinamento para maratona e não tem outros compromissos naquele dia. Nesse caso, provavelmente faz mais sentido dar a si mesmo alguns minutos extras (ou seja, aumentar o tempo e mudar o cronograma) do que encurtar a corrida.

O contexto é relevante e a solução certa para quando se está com falta de tempo dependerá disso. E no mundo real, complexo e emaranhado como ele é, a melhor solução pode ser uma combinação das listadas acima. Uma das sessões de edição desta parte do livro serve como exemplo aqui. Como é de se esperar, eu havia alocado um timebox grande para revisar as edições destes cinco capítulos e alguns pequenos para cada capítulo individual, alguns de 15 minutos, outros de 30. Em certo ponto, fiquei para trás no meu cronograma. Notei isso, então tinha algumas opções: reduzir o escopo ao reservar alguns capítulos para outro dia ou reduzir a qualidade adotando uma abordagem menos diligente ao trabalho. Em vez disso, estendi os timeboxes. Esta foi uma daquelas ocasiões em que parecia mais apropriado flexibilizar o tempo, e não qualquer um dos outros três parâmetros.

De obrigação a desafio

Hoje em dia está fora de moda, e é até malvisto, defender o aumento da velocidade em que as tarefas são feitas. As pessoas já estão sobrecarregadas o suficiente. Deveríamos aliviar o fardo delas, não impor mais pressão. Concordo que a saúde mental deve ser levada a sério, e que o burnout é uma das maiores ameaças a ela. De fato, um dos principais benefícios do timeboxing é o de diminuir sua sobrecarga. Mas também acredito que a velocidade pode ser divertida, especialmente quando o teste de tempo é um desafio que impomos a nós mesmos.

Um limite de tempo e uma necessidade implícita de acelerar podem ser um fator motivador. A obrigação de escrever 100 palavras se torna mais um desafio se um limite de tempo realista (15 minutos, digamos) for colocado. O cronômetro começa, um pouco de adrenalina é liberada na corrente sanguínea e há um resultado claro de sucesso/falha no final. Você pode ter percebido que o limite de tempo ajuda a cumprir algumas das condições (em particular, equilibrar o desafio com a habilidade, tornando-o apenas difícil o suficiente) especificadas por Csíkszentmihályi para alcançar um estado de flow. Isso é um pouco como a diferença entre ter que se descrever com palavras ilimitadas *versus* ter que fazer isso com, digamos, apenas sete. As pessoas são mais motivadas e mais propensas a completar a segunda versão (mais difícil) da tarefa. Para as tarefas que faz repetidamente, você pode estabelecer um recorde pessoal para superar: maior quantidade de palavras escritas em 1 hora; maior número de e-mails resolvidos em 30 minutos; menos erros cometidos em 15 minutos de entrada de dados, e assim por diante.

E se você for capaz de abraçar a velocidade e gostar disso, um feliz subproduto é, claro, o aumento da produtividade.

Se você configurou bem seus timeboxes, em geral não precisará intervir para concluí-los a tempo e com um padrão aceitável de qualidade. Mas, quando estiver atrasado, confirme tal atraso ao estabelecer um ponto de verificação intermediário. É preciso saber que existe um problema para poder resolvê-lo. Então, se estiver atrasado, fique tranquilo sabendo que existem várias opções disponíveis para voltar aos trilhos. Qualquer que seja a opção certa em sua situação particular, entenda que há um benefício enorme e subestimado em compartilhar os frutos do trabalho em seus timeboxes com o mundo: também conhecido como enviar, compartilhar, *entregar algo*.

Revisão

- Para que o timeboxing funcione, precisamos nos ater aos horários programados.
- Às vezes precisaremos acelerar.
- O sucesso depende, em parte, de estimarmos bem o tamanho necessário para cada timebox em primeiro lugar.
- Pontos de verificação intermediários nos ajudam a cumprir prazos.
- Quando nos atrasamos, podemos: reduzir a qualidade, reduzir o escopo, aumentar o tempo, aumentar o custo ou inovar radicalmente.

Reduzir a qualidade, o escopo e o tempo, em particular, são as soluções mais comuns e pragmáticas na maioria das situações.

- Definir um limite de tempo realista para uma tarefa pode transformá-la de uma obrigação em um desafio, o que pode ser motivador.

Para refletir

- Lembre-se de uma situação em que você estava ficando sem tempo para concluir algo. Qual solução teria sido mais eficaz: escopo, qualidade ou tempo? E por quê?
- Você sabe quanto tempo leva para ler uma página de um livro? Cronometre isso para o próximo capítulo.
- Dê a si mesmo limites de tempo para algumas coisas que fará hoje. Acostume-se e melhore nessa prática. Quando se torna algo divertido? Quando não se torna?

Artistas de verdade entregam.

— Steve Jobs

17. Entregue algo

Palavras-chave:	Enviar; compartilhar; entregar; revelar; lançar; satisfação; bom o suficiente; útil para compartilhar
Contagem de palavras:	1.377
Tempo de leitura:	6 minutos

Você fez algum trabalho. Está bom o suficiente? Como vai interagir com o mundo e fazer a diferença nele? Este capítulo foca essas duas questões.

(Uma nota breve sobre *entregar*. A palavra, neste contexto, refere-se ao transporte de bens que estão disponíveis para uso. Jobs estava falando sobre hardware de computador — especificamente, o Macintosh original — em 1983, mas o termo pode ser usado para quaisquer mercadorias. Mais recentemente, esse uso se tornou popular no desenvolvimento de softwares, relacionando-se ao ponto em que o produto é lançado para os usuários finais. Uso o termo aqui para enfatizar que uma tarefa ganha muito valor ao ser revelada.)

Bom o suficiente = compartilhável de forma útil

No capítulo anterior, vimos que há várias maneiras de ajustar o ritmo de produtividade para concluir uma tarefa. Dentre elas, reduzir o escopo, reduzir a qualidade e aumentar o tempo são as mais comuns e importantes. Aumentar o tempo não precisa de muito mais comentários aqui. Se você precisar, puder e não houver alternativa melhor, vá em frente. Mas, com relação ao escopo e à qualidade, quanto podemos sacrificar antes que nosso trabalho se torne inadequado?

A perfeição não é nem necessária, nem possível. Poucos precisam dela e, para muitas tarefas, a perfeição (um sistema de armazenamento perfeitamente organizado, uma cozinha brilhando, gramática perfeita) pode até passar despercebida por seu público. Ademais, os seres humanos raramente são capazes disso. Então, vamos todos, inclusive os perfeccionistas, fazer um plano melhor e mirar no "bom o suficiente". Mas o que é, exatamente, o "bom o suficiente"?

Um bom parâmetro é se está pronto para ser compartilhado. Vergonha e orgulho são emoções poderosas, antigas e motivadoras que regulam nosso comportamento como criaturas sociais. Responsabilidade é um conceito mais contemporâneo que aborda a mesma questão. Dessa forma, o momento em que nos sentimos prontos para compartilhar algo é um bom critério: levando em conta as aversões profundas e enraizadas que temos ao ridículo, nesse ponto o trabalho, para a maioria de nós, está provavelmente bom o suficiente.

Também precisa ser útil — embora certamente não esteja perfeito — e, em algum sentido relevante, *funcionalmente completo*. Vai funcionar ou, ao menos, os aspectos importantes serão compreendidos de forma útil pelo destinatário, isto é, por aquele que vai se beneficiar da tarefa. Para adicionar um pouco mais de rigor a isso, podemos pegar uma ideia do gerenciamento de produtos (não de projetos). No desenvolvimento de produtos, há o conceito de Produto Mínimo Viável (MVP, na sigla em inglês). Esta é a versão do produto com o menor número de funcionalidades que ainda será utilizável e útil para alguém (neste caso, usuários beta ou clientes pioneiros). Sendo um produto menos maduro e sofisticado, é relativamente fácil de montar, de tal forma que a equipe pode observar como ele é usado e fazer melhorias na próxima versão. O MVP é *compartilhável de forma útil.*

A ideia do compartilhável de forma útil como padrão de qualidade também se aplica a tarefas em geral. A estrutura de um plano de negócios é compartilhável de forma útil; apenas os primeiros parágrafos da mesma, nem tanto. Um e-mail confirmando, possivelmente em uma única palavra, a autorização de um projeto para uma equipe ansiosa é compartilhável de forma útil; uma exposição detalhada, mas inconclusiva, dos porquês não é. Um resumo em tópicos do seu feedback sobre a apresentação de PowerPoint ruim feita por um colega é compartilhável de forma útil; uma reestruturação brutal e completa dos piores slides da apresentação não é (por várias razões). Uma organização parcial de roupas penduradas que pode ser dada a indivíduos selecionados é utilmente compartilhável (outra pessoa pode, então, dobrar e distribuir); pendurar uma seleção aleatória de roupas não é.

Um belo exemplo disso vem de um vídeo viral em time-lapse de um artista desenhando uma imagem do Homem-Aranha.[57] Na primeira parte do vídeo, ele tem 10 minutos e o resultado final exibe proporções quase perfeitas, sombras e um plano de fundo. Bastante impressionante. Em seguida, o artista tem 60 segundos e o resultado é uma imagem que certamente é o Homem-Aranha com pescoço e tronco, mas meio rudimentar. Finalmente, ele tem apenas 10 segundos e só consegue esboçar rapidamente uma cabeça deformada e olhos toscos, embora ainda seja, minimamente, reconhecível como o super-herói dos quadrinhos. A tarefa "desenhar o Homem-Aranha" foi concluída e era compartilhável de forma útil (com uma sobrinha de 9 anos, por exemplo) e, portanto, boa o suficiente em todos os três casos. Uma representação fotorrealista apenas do olho esquerdo ou do queixo do Homem-Aranha não teria passado no teste de ser compartilhável de forma útil e, portanto, provavelmente não seria considerada boa o suficiente pela sobrinha hipotética.

Há mais de 250 anos, Voltaire sugeriu que "o perfeito é inimigo do bom",[58] significando que, ao tentarmos atingir a perfeição, podemos perder a chance de alcançar resultados bons ou até excelentes. Isso ainda é verdade hoje. Por outro lado, ser compartilhável de forma útil é um defensor ferrenho do bom.

O mundo exterior

Seu trabalho é mais valioso se alguém puder desfrutar dele. "Compartilhável de forma útil" é uma heurística igualmente útil para decidir quando você alcançou um padrão "bom o suficiente". Vários benefícios adicionais surgem à medida que seu trabalho encontra o mundo exterior:

- **Perspectivas diferentes**: ao compartilhar com outros, você pode obter um retorno adicional acerca do trabalho vindo de pessoas com diferentes pontos de vista e experiências. Para muitas tarefas, tal diversidade de perspectivas e inteligência coletiva é altamente valiosa; para outras, chega a ser essencial.

- **Revisões**: compartilhar provoca feedback, que possibilita melhorias por meio de revisões.
- **Engajamento**: se você compartilha no momento certo e com a intenção correta, pode trazer colaboradores para a jornada com você. Isso contrasta com mostrá-los um fato consumado já no final da jornada, o que pode irritar, criar discordância e gerar uma resistência desnecessária.
- **Crédito**: se alguém vê o que você fez, você pode receber apreciação, elogios ou simplesmente melhorar sua reputação e status em geral. Se ninguém vir, nenhum crédito será concedido.
- **Produtividade coletiva**: você fez sua parte, por enquanto. Passe o bastão adiante para que seu trabalho possa continuar a jornada enquanto sua atenção é requisitada em outro lugar. Grandes ou pequenas, somos todos engrenagens em uma máquina. Se considerarmos que essa máquina é o trabalho coletivo da humanidade, os papéis que desempenhamos podem parecer valiosos. O princípio se aplica tanto ao compartilhamento de uma ideia revolucionária para inspirar a humanidade quanto a pendurar as roupas para vestir a família.

Claro, muitas vezes precisaremos compartilhar nosso trabalho de qualquer maneira: um chefe exige, um colega aguarda, um amigo depende disso. Mas, tendo em mente os benefícios abrangentes listados acima, somos encorajados a compartilhar algo a mais do que o estritamente necessário.

Despachar nosso trabalho, apresentar os frutos da nossa labuta, isto é, entregar algo, é gratificante. Há uma recompensa intrínseca pela conclusão, bem como uma recompensa extrínseca por passá-lo adiante. Visto dessa maneira e praticado corretamente, podemos chegar a desfrutar de até quinze recompensas todos os dias na forma de timeboxes devidamente completados.

A entrega também aumenta a produtividade. Como vimos no *Capítulo 6 — Para colaborar*, o timeboxing é sobre produtividade coletiva, bem como individual. Trabalho não compartilhado é como um pássaro em uma gaiola de ouro. Então faça algo bom o suficiente e compartilhe-o com o mundo.

Revisão

- A perfeição não é nem necessária, nem possível, então acostume-se e familiarize-se com o que é bom o suficiente.
- O padrão que alcançou é "bom o suficiente" quando o que você fez é compartilhável de forma útil.
- Podemos usar o conceito de Produto Mínimo Viável para ajudar a determinar o que é compartilhável de forma útil.
- Compartilhar ou entregar seu trabalho tem muitos benefícios, incluindo:
    - obter diferentes perspectivas
    - oportunidade de efetuar revisões
    - obter engajamento dos outros
    - ganhar crédito dos outros
    - manter o projeto em movimento, mesmo enquanto sua atenção está em outro lugar.

Para refletir

- Pense em um trabalho do qual você se orgulhou e compartilhou com boa repercussão. Use esse exemplo como seu padrão-ouro para entregar algo.
- Assista ao vídeo do Homem-Aranha mencionado neste capítulo.
- Você sente que tem um bom senso do que é bom o suficiente ou compartilhável de forma útil? Se não, como poderia refiná-lo no contexto do seu trabalho e da sua vida?

"Ai, ai, ai!! Vou me atrasar!"

— O Coelho Branco (de *Alice no País das Maravilhas*)

18. Buracos negros e outras distrações

Palavras-chave:	Distração; precondições; ambiente; estímulos; resposta; buracos negros; várias coisas ao mesmo tempo; uma coisa de cada vez; desvio de atenção; foco; procrastinação
Contagem de palavras:	3.663
Tempo de leitura:	18 minutos

Este é o capítulo que eu estava com a maior expectativa de escrever. Você já percorreu um longo caminho em sua jornada de timeboxing. Está ciente dos benefícios e, portanto, espero que tenha resolvido estabelecer e manter este método e esta mentalidade. Escolheu algumas tarefas valiosas e as planejou de maneira sensata, e sua resolução se fortaleceu. Passou a reconhecer quais são as boas práticas enquanto está no timebox realizando a tarefa em si.

No entanto, momentos difíceis estão à frente. Pela duração de cada um dos seus muitos timeboxes futuros, milhares de distrações estarão à espreita. Seu telefone vibra. Um alarme soa. Uma notificação aparece em seu navegador. Um link chama sua atenção. A distração pode ser provocada internamente: um pensamento surge, uma memória aflora, uma coceira incomoda. Estas são todas distrações comuns e genéricas que afetam a todos nós. Todos temos nossos próprios estímulos idiossincráticos à distração.

Não existe uma blindagem total contra as distrações, mas existem algumas medidas de proteção sensatas que podemos tomar, começando por entender o que são distrações e de onde elas vêm. Meu papel é trazer situações genéricas com detalhes suficientes para ressoar com você. Seu papel é usar os exemplos para pensar em quais dessas (ou outras) as distrações surgem e causam danos em sua vida. Dessa forma, você estará bem posicionado para implementar soluções que se adequem ao seu próprio contexto.

Um quadro de referência básico e útil para pensar sobre distrações é em termos das **pré-condições** nas quais a procrastinação prospera, os **estímulos** que desviam nossa atenção e nossas **respostas** a esses estímulos. Se conseguirmos entender como esses elementos funcionam e se inter-relacionam, faremos um trabalho melhor ao otimizar essas pré-condições, reduzir os estímulos e melhorar nossas respostas.

Otimizar as pré-condições — cortar a procrastinação pela raiz

Às vezes surge um problema antes mesmo de começarmos e isso se chama procrastinação: adiar algo que sabemos que deveríamos fazer. A procrastinação é generalizada: 20% dos adultos[59] são procrastinadores crônicos e a proporção é muito maior entre estudantes.[60] O timeboxing enfrenta a procrastinação de forma bastante eficaz e por múltiplos ângulos: começando pequeno, tendo estrutura e um senso de responsabilidade. E ainda, como diz o Dr. Timothy Pychyl, autor de "*Solving the Procrastination Puzzle*" (Resolvendo o enigma da procrastinação, em tradução livre), pelo "verdadeiro encorajamento advindo de fazer o que pretendemos". E, ainda assim, às vezes essa estranha e perniciosa resistência vai continuar.

Há muitas causas subjacentes e fatores contribuintes para a procrastinação. Alguns desses se sobrepõem e se inter-relacionam, e a maioria não é totalmente compreendida. Listei algumas das causas mais comuns aqui tendo a expectativa de que várias irão ressoar com você e a esperança de que você prestará atenção redobrada àquelas que ressoarem mais. Os itens no topo da lista são os mais difíceis de resolver, já os itens na parte inferior mais fáceis:

- ansiedade, estresse e outras questões de saúde mental
- não ter a mentalidade correta ou motivação suficiente
- medo de falhar ou perfeccionismo
- resistência ao enfrentar uma tarefa difícil
- tédio
- cansaço, fadiga ou burnout
- falta de estrutura, detalhamentos ou prazos
- sobrecarga ao enfrentar muitas tarefas ou uma tarefa muito grande; você não sabe por onde começar.

Esta não é uma lista exaustiva, e está além do escopo deste livro propor ou expor soluções específicas para as questões mais complexas no topo da lista. A prática de timeboxing ajuda, em alguma medida, a maioria das pessoas com os impedimentos listados. Mas mesmo o timeboxing não é uma panaceia para problemas psicológicos enraizados ou de longa data. Se alguns deles são questões para você, talvez seja necessário abordá-los com a devida seriedade buscando ajuda apropriada de profissionais nessas áreas.

Como algumas dessas questões são difíceis, certifique-se de fazer as coisas mais fáceis. Você pode diminuir o efeito de muitas dessas causas subjacentes ao aprimorar sua mentalidade e seu ambiente. Todos os conselhos sobre como alcançar a mentalidade correta e o ambiente adequado (no Capítulo 9) ao planejar seu timebox (por 15 minutos ao dia) se aplicam tanto quanto, se não mais, quando você está levando a cabo os próprios timeboxes (por muitas horas ao dia). Não tente tarefas difíceis quando estiver cansado, exausto ou com burnout. Os dois últimos itens da lista são completamente sobrepujados pelo timeboxing, que fornece estrutura explícita, detalhamentos e prazos, bem como reduz todas as tarefas a uma única coisa, encarando a sobrecarga uma tarefa de cada vez.

Pessoalmente, notei que sou mais vulnerável aos itens quatro (difícil demais) e cinco (monótono demais) da lista acima. Se a tarefa é desafiadora de algumas maneiras específicas (exercício fisicamente exigente, uma situação de trabalho contraditória, um problema intelectualmente difícil), tendo a procurar formas de evitá-la. Também tendo a procurar outras coisas para fazer se a tarefa for fácil demais ou faltar qualquer tipo de expectativa, surpresa ou complexidade. Note que essas condições problemáticas são exatamente as condições que nos impedem de alcançar um desafio na medida certa e entrar no estado de flow de Csíkszentmihályi (veja o *Capítulo 5 — Para pensar de forma mais inteligente*).

Perceba e minimize os estímulos

Você começou, está dentro do timebox; mas, de repente, um acontecimento se intromete e o desvia. Quais são esses momentos ardilosos? Acho útil pensar em estímulos distrativos em termos do *meio* em que se manifestam (mental, digital e físico) junto com seu nível de *urgência*. O meio nos ajuda a pensar no que os estímulos são e de onde vêm. O nível de urgência nos ajuda a tomar a ação apropriada. Esse modo de pensar dá origem a uma tabela:

	Digital	Físico	Mental
Não urgente	• uma notificação • um e-mail • uma mensagem de texto • você volta ao computador após uma pausa e examina sua tela para ver o que é mais interessante	• um pássaro voa por perto • um mosquito o incomoda • seu cachorro começa a latir • você escuta seus filhos assistindo à TV quando não deveriam	• você se pergunta de forma distraída se os galos realmente fazem o som "cocoricó" • você se lembra de um fragmento do sonho da noite passada • você se pergunta se tem novos e-mails ou mensagens • você fica com sede • você começa a se sentir entediado • você se lembra de uma grande tarefa do trabalho que precisará concluir na próxima semana
Urgente	• chega um e-mail urgente solicitando ação imediata	• alguém bate à porta da frente • você ouve seu bebê chorar • um alarme de incêndio não planejado soa • alguém chama seu nome • você fica com vontade de ir ao banheiro	• você tem o que parece ser uma ideia importante: uma epifania • você percebe que esqueceu suas chaves na loja onde esteve • você se lembra da consulta com o dentista que tem naquele dia (mas não colocou no calendário)

Observe que os itens não urgentes podem muito bem ser *importantes*, como o exemplo da grande tarefa de trabalho mencionado acima. A distinção-chave em termos de tomar ação *imediata* é se há *urgência*, não se há importância.

E esses estímulos são apenas um começo — eles desencadeiam um mecanismo poderoso. Em seu início, não há como prever quão fundo será um buraco negro. Você pode encontrar um beco sem saída e emergir em 1 ou 2 minutos, ou uma curva fascinante pode levar a outra, e, de repente, algumas horas voaram.

A tabela tem como objetivo ajudá-lo a perceber as distrações quando elas surgem. Você vai notá-las mais facilmente se procurar por elas e esperar encontrá-las em qualquer um dos três domínios: digital, físico e mental. Tais distrações são comuns a todos. Os exemplos aqui pretendem ser reais e ressoar com os leitores; mas, se você conseguir pensar em um exemplo para cada uma das seis caixas, este capítulo será ainda mais útil para você. O mais importante é que a tabela fornece um esquema para preparar respostas diferentes e *melhores* aos diversos tipos de estímulos. Ao entender que notar tais estímulos é algo valioso, podemos, aos poucos e com prática, melhorar essa habilidade.

Vários estímulos ocorrem diversas vezes em nossas vidas. Alguns ocorrem múltiplas vezes por dia — a maioria de nós pega o telefone mais de cem vezes por dia. Este é, claro, um dos tipos mais devastadores de estímulo, pois ataca nossa produtividade intencional com muita frequência. Vale a pena gastar alguns minutos agora pensando quais estímulos desse tipo se aplicam ao seu caso. É quando você volta para sua mesa? Quando seu telefone vibra? Quando vê, na aba do navegador, o número de notificações da sua caixa de entrada aumentar? Quando chega em casa e vê trabalho doméstico por todos os lados? Essas distrações recorrentes são oportunidades para você fazer as maiores melhorias em sua vida.

Melhore sua resposta

Nós, seres humanos, temos a chance de escolher o que fazemos. Como Viktor Frankl aponta de forma brilhante: "Há um espaço entre o estímulo e a resposta. Nele está nosso poder de escolher nossa resposta. Nessa resposta reside nosso crescimento e liberdade."

Mas, em geral, as respostas dos humanos modernos aos estímulos são caóticas. Costumamos não notar o estímulo — não estamos cientes do espaço ao qual Frankl se refere. Portanto, é claro, não o utilizamos. Em vez disso, reagimos sem pensar e sem intenção, como se não tivéssemos a capacidade cognitiva para intervir de forma consciente. Usando alguns dos exemplos na tabela acima, nós:

- Respondemos àquela notificação do Slack ou e-mail.*
- Clicamos em várias das nossas abas abertas no navegador e acabamos fazendo compras, pesquisando ou navegando na internet.
- Descemos para ver como estão os cachorros, vemos que há alguma roupa para tirar da máquina e descobrimos que também tem outra carga que realmente precisava ser lavada.
- Vemos um pássaro voando e então notamos outros dois, e ao lado deles uma nuvem passando... Notamos que parece com uma poltrona e começamos a sonhar acordados.
- Pesquisamos "cocoricó" no Google, o que nos leva a uma música infantil, que, por sua vez, desperta uma curiosidade sobre instrumentos musicais, que...
- Abrimos um segundo documento e começamos a trabalhar em uma segunda tarefa sem ter terminado a primeira.*

Tentamos fazer mais de uma coisa ao mesmo tempo (itens com asterisco) ou caímos em intermináveis buracos negros. Na pior das hipóteses, buracos negros e tarefas simultâneas são muito prejudiciais: destroem a produtividade e reduzem nosso sentimento de realização. Ainda pior, em alguns casos, estamos alimentando vícios prejudiciais (em redes sociais, trabalho obsessivo, aplicativos de mensagens etc.). Eles negam a paz, a produtividade e o poder do timeboxing. Por outro lado, na melhor das hipóteses, buracos negros e tarefas simultâneas podem ser atividades prazerosas. Vamos abordar isso também em breve.

Então, como devemos responder?

Como vimos, primeiro precisamos notar o estímulo. Esse ato de notar é um pré-requisito para tudo o mais aqui, o espaço para escolhermos nossa resposta. Esta é uma habilidade que podemos desenvolver por meio da conscientização e da prática.

Depois disso, precisamos decidir depressa se a distração requer uma ação urgente. Você realmente precisa lidar com isso agora? Às vezes, a resposta será de fato "sim" (como na maioria dos exemplos na linha inferior da tabela). Nesses casos raros, claro, faça o que precisa ser feito. Mude seu plano de imediato — e não se esqueça de atualizar os timeboxes no seu calendário quando puder. Muito mais frequentemente, no entanto, a resposta será "não". Então, se for algo que seria bom revisitar mais tarde, anote (evite a sensação excruciante de um pensamento fugaz e dispersante ao fixá-lo na sua lista de tarefas ou, se não tiver acesso a ela no momento, fale em voz alta) e volte ao seu timebox programado. Ou, se a distração for algo que você pode descartar de imediato, faça isso e volte diretamente para o timebox (retorne ao calendário). Como um diagrama, é assim que funciona:

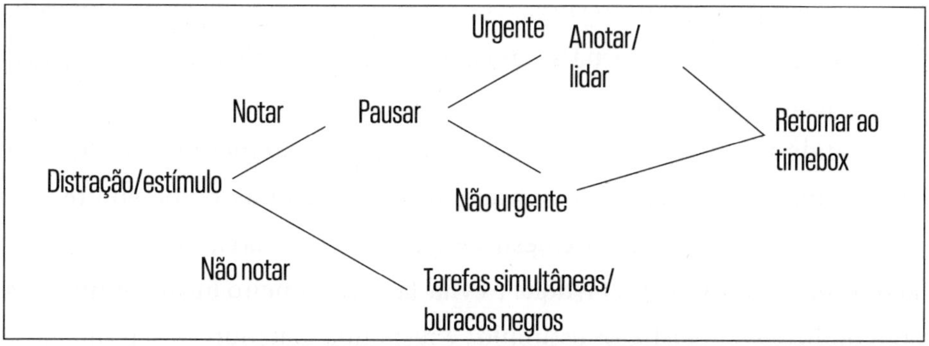

Existem táticas que podem ajudar aqui. Incentive a resposta melhor e mais intencional de voltar ao seu timebox fazendo alguns ajustes apropriados no seu ambiente (veja o *Capítulo 9 — O básico*).

Logo você passará a associar o estímulo com a resposta de retornar ao refúgio seguro do seu timebox.

Buracos negros

Todos nós caímos em um buraco negro de vez em quando. A mente humana e os links da internet são terrenos férteis para curiosidades irresistíveis, e elas se alimentam uma da outra.

Buracos negros podem ser divertidos. Podem ser uma característica prazerosa e requintada da experiência humana: úteis e emocionantes. Mas esse abandono e essa perda de controle, que podem parecer tão bons, também podem se tornar ruins. O parágrafo seguinte soa familiar?

Você começa a tarefa conforme planejado. Mas um link, frase ou imagem inesperada desperta seu interesse. "O que é isso?", você se pergunta, curioso. Antes que sua consciência tenha tempo de agir, você clicou no link e caiu no buraco negro. Agora você está passando por uma experiência completamente nova, que possui todo o seu foco intenso. Outra coisa chama sua atenção e você está ainda mais longe da tarefa pretendida. Totalmente absorto, você perde a noção do tempo, entra em um estado de flow e faz uma curva após a outra, cada vez mais curioso.[61] Um tempo depois, a empolgação da aventura diminui e a percepção surge: você está muito longe de onde começou. Você sai do buraco e retorna à tarefa que estava fazendo, mas você perdeu tempo, talvez muito.

Quando isso acontecer — e acontecerá frequentemente, com ou sem timeboxing —, não seja duro consigo mesmo. Qualquer culpa ou preocupação que você possa sentir é desnecessária, injustificada, inútil e... por si só uma distração a mais. O truque é evitá-las em primeiro lugar (otimizar as pré-condições). Registre os estímulos e responda voltando ao seu timebox.

Você começará a associar o sentimento de estresse, sobrecarga ou pânico com a tranquilidade do pensamento e da ação de voltar ao calendário (clicando na aba superior esquerda do navegador).

Várias coisas

A maioria de nós acaba fazendo várias coisas ao mesmo tempo. Aparentemente, isso é antagônico ao timeboxing, um método que defende o poder de fazer uma coisa de cada vez. Mas será que é mesmo?

Essa prática envolve dividir nossa atenção entre múltiplas tarefas, geralmente com o objetivo de fazer mais coisas em menos tempo. O conceito vem da computação, na qual, há muitas décadas, os computadores só podiam fazer uma coisa de cada vez.

Fazer muitas coisas ao mesmo tempo é uma prática muito criticada e mal compreendida. Algumas pesquisas e uma enxurrada de conteúdos recentes sobre esse tópico na internet apresentam uma visão negativa. A troca de contexto, argumenta-se, tem um alto custo cognitivo. A maioria das conclusões é que fazer mais de uma coisa ao mesmo tempo é simplesmente ruim para a produtividade. Há um vídeo famoso[62] demonstrando cegueira por falta de atenção com um grupo de pessoas que está passando uma bola de basquete entre si. Pede-se aos espectadores que contem o número de passes feitos pelos jogadores vestidos de branco. Pelo menos metade dos espectadores falha em notar o gorila que passa vários segundos atravessando a área de jogo no meio do vídeo. Dessa forma, não somos capazes de prestar atenção em duas coisas ao mesmo tempo. A ciência falou, caso encerrado.

De fato, há situações em que fazer mais de uma coisa falha de forma inequívoca: usar redes sociais sem muita atenção enquanto fala com um amigo ou parceiro; enviar mensagens de texto enquanto dirige; programar enquanto conversa; preocupar-se com duas coisas ao mesmo tempo; cuidar das crianças enquanto analisa dados. Um dos exemplos mais comuns e prejudiciais é quando abrimos um e-mail impactante (do tipo que nos lança em um turbilhão de pensamentos e sentimentos) durante uma reunião, tornando-nos incapazes de contribuir efetivamente para qualquer um dos dois (observe como estaríamos em um estado bem melhor se conseguíssemos simplesmente ter a disciplina de esperar para ler o e-mail após a reunião). Todos nós temos nossos exemplos pessoais de tentativas de fazer várias coisas ao mesmo tempo que acabaram em fracasso total.

E, ainda assim, às vezes parece não ter problema algum: cozinhar uma refeição enquanto ouve um podcast; correr enquanto reflete sobre um problema difícil; fazer compras pelo telefone enquanto relaxa em frente à televisão; pintar cerâmicas enquanto conhece alguém em um primeiro encontro.

Na verdade, fazer várias coisas ao mesmo tempo pode funcionar. De acordo com um estudo,[63] "o segredo para fazer mais de uma coisa ao mesmo tempo e utilizar melhor seu tempo, em última análise, reside em encontrar tarefas que não causem um grande conflito entre si". Em particular, esse hábito só pode realmente funcionar com algumas tarefas em que *sua experiência é alta* e a demanda cognitiva e o conflito são baixos. Claro, ter experiência significa coisas diferentes para pessoas diferentes.

No verso há uma tabela com uma pequena amostra de tarefas relacionadas ao trabalho e não relacionadas ao trabalho indicando quais podem ser realizadas simultaneamente e quais não podem. Mas, é claro e como sempre, o que é importante é como esses pares funcionam (ou não) para *você*.

Como ler este gráfico

1. Escolha duas atividades das quais você gostaria de verificar a compatibilidade. Para ilustrar, vamos escolher "Cozinhar" e "Participar de uma reunião".
2. Encontre a coluna rotulada "Cozinhar" (sua primeira atividade escolhida).
3. Agora, encontre a linha rotulada "Participar de uma reunião" (sua segunda atividade escolhida).
4. Navegue pela coluna "Cozinhar" até alcançar a linha com "Participar de uma reunião".
5. O símbolo exibido onde a coluna e a linha se cruzam indica a compatibilidade das atividades. ✔ significa compatibilidade; ✗ significa incompa-

tibilidade; ? sugere que as atividades podem funcionar juntas sob certas circunstâncias.

6. No nosso exemplo, "Cozinhar" e "Participar de uma reunião" se cruzam no símbolo **?**. Isso sugere que, embora elas não sejam possíveis simultaneamente em todas as situações, você poderia, por exemplo, participar de uma reunião sem câmera e com fones de ouvido enquanto cozinha.

	Cortar grama	Cozinhar	Ler	Enviar e-mails	Participar de uma reunião	Lavar roupas	Pensamento difuso	Exercício leve
Cozinhar	✗							
Ler	✗	✗						
Enviar e-mails	✗	✗	✗					
Participar de uma reunião	✗	?	✗	?				
Lavar roupas	✗	✗	✗	✗	✗			
Pensamento difuso	✓	✓	✗	✗	✗	✓		
Exercício leve	✗	✗	?	✓	✓	?	✓	
Exercício pesado	✗	✗	✗	✗	✗	✗	?	✗

Para que algumas dessas combinações funcionem, podemos precisar de um pouco de imaginação. Por exemplo, exercício leve é mais ou menos possível enquanto se participa de uma reunião, mas o exercício precisará ser escolhido muito cuidadosamente (exercícios de fortalecimento dos dedos, saltitar em uma bola de Pilates, uma esteira de caminhada em um escritório em casa). Ler um livro é complicado enquanto se cozinha, mas ouvir um audiolivro pode funcionar.

Outros pares aqui dependerão do contexto, especificamente das forças e das características do indivíduo, bem como do nível de desempenho exigido. Por exemplo, um dos pares mais comuns e evidentes é e-mail com reuniões.

É correto enviar e-mails e, portanto, não prestar total atenção ao que seus colegas estão dizendo? A resposta é questionável. E se a reunião for apenas pouco relevante para o dito cujo enviando e-mails? Ou se houver um e-mail urgente que precisa ser enviado durante uma reunião longa? O contexto é importante, então pense sobre isso, decida o que funciona melhor para você e torne suas preferências de trabalho e vida pessoal claras para aqueles com quem você trabalha e convive.

Há inúmeros pares que não incluí neste exemplo de tabela, tais como itens difíceis como preocupar-se/ruminar, que podem ser, simultaneamente, sobre duas preocupações distintas. Isso é um problema para muitos de nós.

Na verdade, existem até situações em que o desempenho pode ser *aprimorado* por uma segunda atividade, quando nosso modo de pensamento difuso destrava o que nosso modo de pensamento focado não conseguiu. Ou, quando uma única atividade é fácil demais, podemos nos entediar e descartá-la, a menos que seja acompanhada por uma segunda atividade (por exemplo, dobrar roupas e ouvir um podcast). Pode haver até vantagens cognitivas em fazer isso. Em um estudo,[64] os participantes que mais frequentemente faziam algo enquanto consumiam outro tipo de conteúdo tornaram-se mais eficazes na integração multissensorial (a capacidade do cérebro de combinar e processar informações dos cinco sentidos — visão, audição, tato, paladar e olfato).

Nas notáveis situações em que fazer várias coisas ao mesmo tempo funciona, o timeboxing é igualmente apropriado e útil. Escolha o par simbiótico de atividades cuidadosa e intencionalmente, descreva o timebox de acordo e, então, faça as diferentes tarefas dentro do único timebox de forma feliz e produtiva. O propósito do timeboxing e deste livro é nos ajudar a usar bem nosso tempo, não ser dogmático. E para as muitas outras situações em que fazer mais de uma coisa não funciona (embora você acabe tentando mesmo assim): perceba, pause, anote se precisar e retorne ao seu timebox calmamente e sem reprovação interna.

Distrações são inevitáveis. Aceitá-las faz parte da vida e do timeboxing. Ao compreender as pré-condições, os estímulos e as respostas a elas, você estará muito mais preparado para se manter mais próximo de suas intenções e exercer maior influência sobre sua vida. Você não será capaz de fazer nada disso perfeitamente nem precisa. Você só precisa utilizar isso para se mover na direção certa e colher as recompensas.

Revisão

- Distrações ameaçam o timeboxing.
- A distração pode ser dividida em: pré-condições que a tornam favorável, estímulos que a iniciam e nossas respostas a eles.
- Ao desenvolver uma consciência delas, podemos melhorar a situação em todas essas três frentes.
- Buracos negros podem prejudicar a produtividade (assim como trazer alegria).
- Fazer mais de uma coisa ao mesmo tempo pode prejudicar a produtividade (assim como trazer alegria).
- Certos pares de atividades podem ser feitos simultaneamente, outros não. Descubra quais pares funcionam para você.

Para refletir

- De que maneiras você mais frequentemente se desvia do seu objetivo planejado?
- Você ficará distraído durante seus timeboxes, enquanto lê este livro, várias vezes, até mesmo hoje. Tente perceber quando isso acontece e como você responde. Pense em como pode evitar o estímulo. Pense em como pode melhorar sua resposta.
- Crie um auxílio visual físico para ajudá-lo a sair dos buracos negros: um pequeno sinal ou adesivo que diga "Retorne ao Calendário", um mousepad com uma imagem que sirva ao mesmo propósito ou, ainda

melhor, uma mensagem que você mesmo pensou. Coloque em algum lugar que você verá quando precisar. Por exemplo, ao lado da sua mesa de trabalho ou na capa do seu telefone.

- Construa sua própria tabela de atividades que podem ou não ser feitas simultaneamente. Quais pares parecem funcionar para você? Quais pares poderiam funcionar com um pouco de imaginação?

PARTE QUATRO — ADOTAR

A parte final é sobre manter o timeboxing com você e torná-lo seu. A promessa de uma vida intencional só pode ser cumprida com um esforço consciente ao longo de anos e décadas levando em conta os três principais segmentos de nossas vidas: trabalho, lazer e sono.

"Um Anel para a todos governar,
Um Anel para encontrá-los,
Um Anel para todos trazer
e na escuridão aprisioná-los."

— J.R.R. Tolkien

19. Criar o hábito

Palavras-chave:	Rotina; comportamento; prompt; motivação; recompensa; ancoragem; empilhamento de hábitos
Contagem de palavras:	2.291
Tempo de leitura:	11 minutos

Para que o timeboxing dê frutos ao longo de sua vida, você precisará fazê-lo de forma consistente. E é muito mais provável que o faça de forma consistente se ele se tornar um hábito. Se não for o caso, o que foi aprendido com este livro um dia se dissipará. Mas se sim, você abre a porta para se tornar a pessoa que deseja ser, fazer as coisas que deseja fazer e escolher uma vida que passará a valorizar.

Todos nós temos bons e maus hábitos. Muitos de nós nos exercitamos de forma rotineira, comemos de forma saudável, meditamos, praticamos boa higiene, trabalhamos duro, visitamos vizinhos, lemos, aprendemos e muito mais. No entanto, também somos uma espécie que rói unhas, aposta compulsivamente, consome conteúdo sem pensar, faz compras desnecessárias, maratona filmes e séries, abusa de comidas que fazem mal, procrastina, entre outros.

O timeboxing é um meta-hábito que pode construir e governar outros hábitos. Os bons hábitos listados acima podem ser todos colocados em timeboxes. O timeboxing é o hábito primário que pode nos ajudar a desenvolver múltiplos hábitos secundários. Gosto de pensar no timeboxing como o hábito que a todos governa.

Como os hábitos funcionam

Uma grande quantidade de ciência e literatura popular sobre o tema dos hábitos surgiu por volta da última década. *Hooked (Engajado) — Como construir produtos e serviços formadores de hábitos,* de Nir Eyal, nos mostrou como as grandes empresas de tecnologia projetam produtos para nos viciar. *Hábitos Atômicos — Um método fácil e comprovado de criar bons hábitos e se livrar dos maus*, de James Clear, apresentou milhões à ideia de fazer os hábitos serem duradouros ao tornar os comportamentos mais fáceis. Ambos esses autores e muitos outros se basearam no trabalho de décadas de BJ Fogg sobre mudança de comportamento e formação de hábitos. Cientistas, neurobiólogos, behavioristas, antropólogos e muitos outros tipos de especialistas contribuíram para o crescente entendimento do assunto na era do tempo de tela e da dopamina digital.

Escolhi o Modelo de Comportamento de Fogg para explicar por que transformar o timeboxing em um hábito é extremamente simples. É o modelo mais simples e, na minha opinião, mais natural. Ele divide o comportamento assim:

Comportamento = Motivação x Capacidade x Prompt

O modelo afirma que um comportamento (incluindo um hábito) acontecerá quando motivação, capacidade e prompt (ou seja, estímulo) se juntarem no mesmo momento.

Por exemplo, um comportamento pode ser reler este capítulo. Você pode fazer isso porque tem:

- Motivação (você reconhece que transformar o timeboxing em um hábito é importante e na sua primeira leitura ainda não compreendeu completamente como fazer isso).
- Capacidade (reler um único capítulo não é difícil).
- Estímulo a fazer isso ao ler este conjunto de pontos.

Lembre-se de que há dois componentes para o timeboxing: planejamento (Parte Dois) e execução (Parte Três). Eles são interdependentes: é mais provável que continuemos planejando os timeboxes se conseguirmos concluí-los e é mais provável concluí-los se os planejarmos. Precisamos de ambos para que o timeboxing se torne um hábito sólido.

Você logo verá que já tem motivação, capacidade e prompt para fazer o timeboxing. Assim, construir um hábito confiável de timeboxing diário será mais fácil do que você imagina.

Motivação

Neste ponto, você já leu mais de 200 páginas de um livro sobre timeboxing. É seguro assumir que você já tem alguma motivação para praticá-lo.

Mas se você sentir que precisa de um reforço, lembre-se dos benefícios apresentados na Parte Um. São seis: para ficar registrado, para serenidade, para pensar de forma mais inteligente, para colaborar, para produtividade e para uma vida intencional. Melhor ainda, escolha o benefício mais significativo para você, transforme-o em um mantra e lembre-se dele como parte do seu prompt (escrito em um Post-it, no protetor de tela, no e-mail programado etc.)

Outra maneira de aumentar sua motivação é associar o planejamento do seu dia com uma atividade de que você goste. Por exemplo, se você gosta de um café matinal, planeje seu dia durante os 15 minutos que leva para tomá-lo. Uma associação positiva como essa ajudará a tornar o timeboxing uma atividade com a qual você se sente bem.

E que tal recompensas para aumentar a motivação? Existem várias recompensas emocionais que você pode associar ao planejamento de timeboxes. Primeiro, você pode abraçar a sensação positiva de ter começado o dia da maneira certa. Às vezes é satisfatório ver um dia completamente planejado diante de você. Segundo, o timeboxing pode ajudá-lo a se sentir menos ansioso com o dia que está por vir. Desfrute dessa sensação de alívio, que por si só já é uma recompensa que fortalecerá seu hábito. Se você compartilha seu calendário com outros, pode até sentir uma satisfação social. Como

Fogg aponta, recompensas emocionais como essas nos ajudam a formar e fortalecer um hábito.

Completar um timebox deve trazer uma sensação de realização. Cada um deles é um sucesso legítimo e deve fazer você se sentir bem. Não resista a essa sensação: abrace-a! Você pode, por exemplo, marcar a ocasião assinalando fisicamente em papel, digitalmente com um emoji ou apenas mentalmente como uma forma de reconhecimento. No final do dia ou da semana, olhe para trás e veja o que você fez. Terá sido bastante coisa.

Torne o timeboxing divertido. O *Capítulo 16 — Moderando e acelerando* é em grande parte sobre isso. Uma tarefa monótona, fácil ou chata (inserir dados em uma planilha, limpar uma caixa de entrada, lavar a louça) pode se tornar um desafio interessante se você colocar um limite de tempo.

Às vezes, você talvez precise ser duro consigo mesmo. Deixe as desculpas de lado e lembre-se de quem você quer ser: uma pessoa intencional vivendo a vida que escolheu. Pode ser útil visualizar, até mesmo exagerar, as desvantagens de *não* fazer o timeboxing: a sensação de decepção, ficar sobrecarregado, as consequências de não concluir as tarefas. Até mesmo culpa e vergonha podem ser usadas de maneira vantajosa aqui. Como diz o neurobiólogo Andrew Huberman, "pensar na possibilidade do fracasso é mais eficaz do que fantasiar o sucesso".

Por fim, lembre-se de que *você* é a fonte definitiva de motivação. Foi um poder maior que decidiu a sequência específica de atividades programadas que você vê à sua frente no calendário. Esse poder maior era você, você em um momento melhor, durante a calma que vem antes da tempestade do dia. Quem melhor para escutar do que essa pessoa? Seu eu do passado pode ser o guardião motivador do seu eu do presente; seu eu do presente precisa apenas escutar.

Capacidade

Um conceito-chave no Modelo de Comportamento de Fogg é este: quanto mais fácil for executar um comportamento, menos motivação precisamos para ele. Da mesma forma, quanto mais difícil o comportamento, maiores os níveis de motivação necessários. Então, mesmo que você já tenha bastante motivação, vamos tornar o timeboxing o mais *fácil* possível.

Para planejar os timeboxes, a exigência é apenas 15 minutos de esforço para melhorar o restante do seu dia. É uma pechincha! Ainda assim, faça com que o primeiro passo seja o mais curto possível. Em vez de pensar em passar 15 minutos planejando seu dia, tenha em mente qual será sua primeira ação. Fogg chama isso de "etapa inicial". Quando for planejar seus timeboxes, sua etapa inicial pode ser abrir o Microsoft Outlook ou o Google Calendar. Ou pode ser fechar os olhos por 60 segundos e observar quais prioridades se manifestam. Identifique o primeiro fator de como você planejará seus timeboxes nos termos mais simples possíveis. Certifique-se de que seja fácil, tangível e prático. Uma vez que tenha dado o primeiro passo, o restante do planejamento para seu dia provavelmente seguirá.

Para executar (fazer) os timeboxes, a exigência é uma única tarefa. Apenas uma. Às vezes não será glamorosa, divertida ou fácil. Mas é uma coisa só, escolhida por você há pouco tempo, para libertá-lo de outras mil. Além disso, você não precisa fazer essa coisa por muito tempo: apenas 15 (ou 30, ou 60) minutos.

Prompt

Um prompt é um estímulo, qualquer coisa que diga: "Execute este comportamento agora." Alguns prompts ocorrem em nosso ambiente natural, como gotas de chuva que nos incentivam a abrir um guarda-chuva. Mas para muitos outros hábitos, como o timeboxing, precisamos projetá-lo.

Qual será o prompt que o lembrará de planejar seus timeboxes todos os dias? Para aqueles que usam um calendário digital, a resposta é fácil: é o bloco de 15 minutos no início do nosso calendário. No Capítulo 9, eu instei (estimulei!) você a adicionar esse timebox recorrente ao seu calendário. Se você não fez isso naquela ocasião, faça-o agora (seu segundo prompt).

Dê a este compromisso diário no calendário todas as chances de ser bem-sucedido como prompt. Para que funcione para você, será preciso vê-lo a tempo todos os dias. Se você já tem o hábito de olhar seu calendário logo pela manhã, não esquecerá e não terá problemas. Mas se você começa o dia com alguma outra atividade, descubra como passar dessa atividade matinal para o compromisso de "Timebox hoje" no seu calendário.

Aqui estão alguns exemplos:

- Se você vai ao banheiro para escovar os dentes ou tomar um banho pela manhã, coloque um cartaz no espelho ou na porta que o lembre de abrir seu calendário.
- Se sua primeira atividade é fazer uma xícara de café, cole um Post-it no armário da cozinha no qual você guarda as canecas de café.
- Se você lê notícias on-line em seu tablet logo cedo, crie um lembrete (diário) no seu dispositivo para olhar seu calendário em seguida.

Qualquer que seja o comportamento ou rotina que você escolha para começar a praticar o timeboxing, pense em particular sobre sua *última etapa*. Fogg chama isso de "borda de fuga" do comportamento. Suponha que sua primeira atividade seja tomar um banho. Qual é a parte *final* desse processo? É colocar as roupas no cesto de roupa suja, desligar a luz do banheiro, passar uma loção pós-barba ou perfume, ou algo mais? Seja o que for, use *isso* como seu prompt para ir planejar seu timebox. Será um pouco mais difícil se você não estiver no mesmo espaço físico ou cômodo onde gostaria de planejar seu dia. Nesse caso, pode ser eficaz manter o prompt em mente durante essa transição literalmente dizendo algo como "A seguir, vou planejar meu dia" em voz alta algumas vezes até finalmente chegar ao lugar onde você vai fazer seus timeboxes.

Este método de fixar o comportamento que você está tentando desenvolver (timeboxing) a um hábito existente e estabelecido (banho, café, tablet) é chamado de "ancoragem" por Fogg. James Clear mais tarde usou o termo "empilhamento de hábitos".[65]

E quais são os prompts para fazer seus timeboxes durante o dia? Também é fácil: a sequência de timeboxes que você fez no seu calendário. Você só precisa mantê-lo por perto.

Claro, conforme você avança pelo dia, às vezes acontecerão coisas que podem afastá-lo do timeboxing. Seu telefone toca, sua filha faz uma pergunta, alguém bate à porta. A chave aqui é reconhecer que você saiu do percurso. Este momento de reconhecimento é o seu prompt para retornar ao seu calendário, aos seus timeboxes. Por exemplo, muitos de nós sentamos diante de nossos computadores muitas vezes por dia (após pausas, reuniões etc). Nosso prompt positivo é o calendário de timeboxing em si, mas isso só será eficaz se o encontrarmos. Quando você se senta para retomar o trabalho, o que acontece exatamente? Você levanta a tela do seu laptop? Se sim, coloque um adesivo na parte de trás para lembrá-lo de voltar ao calendário. Ou a primeira coisa que você vê é o seu protetor de tela? Nesse caso, transforme esse protetor de tela em uma mensagem de retorno ao calendário. Você puxa um assento? De novo, um adesivo relevante e bem colocado pode servir para lembrá-lo exatamente quando precisar.

■ ■ ■ ■

O timeboxing não é um comportamento completamente novo. Todos nós já temos compromissos, reuniões e cronogramas, e a maioria de nós já usa algum calendário digital. Dessa forma, o hábito que você precisa formar é a extensão de um comportamento existente, não a criação de um completamente novo. Suas chances são boas. De fato, é bem provável que você consiga transformar o timeboxing em um hábito no tempo que leva para ler este livro.

Os hábitos que importam são os hábitos que persistem. Siga os conselhos aqui e você logo estará praticando o timeboxing com uma competência sublime e inconsciente, e estabelecendo hábitos secundários com facilidade.

Revisão

- Fazer timeboxing de forma consistente causará uma grande diferença na sua vida.
- O timeboxing serve como um hábito fundamental que pode guiar e organizar vários outros hábitos.
- O Modelo de Comportamento de Fogg diz: Comportamento = Motivação x Capacidade x Prompt. Todos os três componentes são necessários para a formação de um hábito. Você já possui todos eles em grande medida.
- Ancore o timeboxing (planejamento e execução) a um hábito existente para torná-lo ainda mais fácil.
- O timeboxing não é novo. É uma extensão e aprimoramento de um comportamento existente (qualquer uso do seu calendário). Isso tornará muito mais fácil adotá-lo como um hábito.

Para refletir

- Verifique tanto sua motivação quanto sua capacidade de praticar o timeboxing. Como você poderia aumentar uma ou outra?
- Envie um e-mail para o seu eu do futuro (um e-mail agendado para daqui a um mês) sobre as razões pelas quais você decidiu começar a fazer o timeboxing. Quando recebê-lo, pergunte-se se o timeboxing já se tornou um hábito para você.

- Investigue se você tem alguma dificuldade em iniciar ou completar um timebox. É quando uma tarefa é chata? Ou difícil? Ou quando a tarefa é para certas pessoas específicas? Ou quando o compromisso é automatizado?
- Baixe um protetor de tela de retorno ao calendário em marczaosanders.com/rtc. Ou, melhor ainda, crie um você mesmo.

Não há tempo como o presente.

— Mary Manley

20. Como mindfulness

Palavras-chave:	Controle da mente; meditação; zen; o momento presente; santuário; autonomia; analogia
Contagem de palavras:	962
Tempo de leitura:	5 minutos

Pode ser útil e inspirador pensar no timeboxing como uma forma altamente pragmática e acessível de mindfulness. Útil se você tem alguma experiência em estar atento e nas práticas que ajudam a alcançar um estado de atenção plena. Inspirador se você tem aspirações de levar uma vida mais atenta. Mindfulness é:

O estado mental de estar totalmente presente, consciente de onde estamos e do que estamos fazendo, não excessivamente reativo ou distraído pelo que está acontecendo ao nosso redor.

Você pode perceber, enquanto lê esta definição, que o timeboxing compartilha várias dessas características. No entanto, o timeboxing é mais fácil e acessível, ao menos para alguns de nós.

Mindfulness e timeboxing são semelhantes

As semelhanças são muitas e marcantes. Aqui descrevo apenas algumas.

Ambos são sobre desenvolver maior controle sobre nossas mentes. Embarcamos em um objetivo que requer algum esforço mental, encontramos distrações, tomamos consciência da distração — uma habilidade metacognitiva — e nos trazemos de volta, sem julgamento ou culpa, para nossa atividade pretendida. Uma pausa curta de mindfulness (que pode ser colocada em um timebox) entre duas reuniões cria um alívio cognitivo que separa a atividade mental das duas, melhorando a experiência de ambas e demonstrando como os dois métodos podem combinar. Ambos nos ajudam a desenvolver nossa autonomia, assim como nosso sentimento de autonomia.

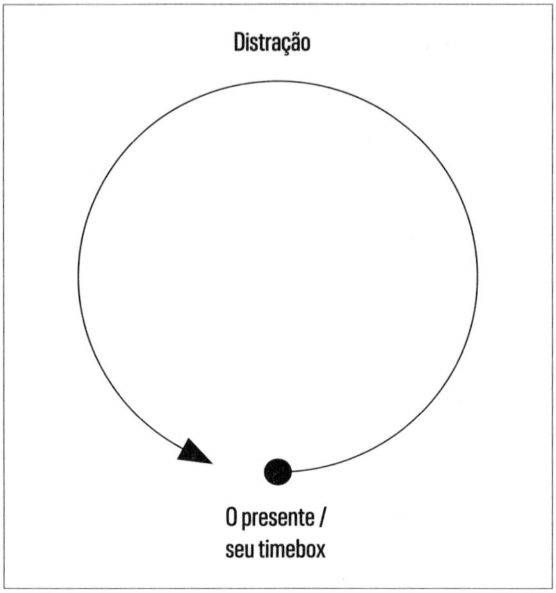

Ambos também nos protegem de nos sentirmos sobrecarregados. A prática de mindfulness nos ajuda a lidar com o volume assombroso de dados sensoriais e informações a que somos expostos todos os dias, e a focar e aproveitar o que importa. O timeboxing nos ajuda a lidar com o número inacreditável de escolhas que enfrentamos a cada momento. Escolha uma, abandone as demais e cuide apenas dessa única coisa que importa agora. Ambos são métodos de tirar a atenção das incontáveis coisas e colocá-la em apenas uma. Ambos fornecem proteção contra pensamentos e sentimentos que podem nos perturbar: um refúgio e um abrigo, um espaço seguro e uma fortaleza. Até mesmo um santuário, um oásis.

Ambos nos dão acesso ao poder superior que é o nosso eu em um momento anterior, tranquilo e melhor. A prática de mindfulness nos ajuda a acessar, perceber e entender nossos pensamentos e emoções mais íntimos: os aspectos de nossas vidas que são verdadeiramente animadores, assustadores ou importantes para nós naquele momento. O timeboxing fornece um caminho de volta constante aos pensamentos e planejamentos claros do nosso eu atento e sossegado.

Ambos dão prioridade ao presente em detrimento do passado ou do futuro. Mindfulness direciona nossa atenção ao momento presente. Como Sam Harris coloca: "O futuro nunca chega."[66] Da mesma forma, com o timeboxing, há um sentido em que só realmente existe o timebox em que você está. O timeboxing consistentemente nos encoraja a engajar com o presente em forma de timebox.

Ambos podem cultivar gratidão. Mindfulness incentiva um sentimento de gratidão e apreciação pelo momento presente e pelas bênçãos em nossas vidas que, de outra forma, poderíamos não dar valor. O timeboxing nos lembra que a vasta, avassaladora e onerosa quantidade de escolhas que enfrentamos é um privilégio que poucos outros humanos na história da espécie tiveram a chance de desfrutar.

Os benefícios fundamentais do timeboxing (descritos na Parte Um) coincidem com os da prática de mindfulness. Esta nos permite um conhecimento melhor de nós mesmos por intermédio da consciência de si. Busca alcançar um nível de serenidade por intermédio da aceitação. Pensar de forma mais inteligente por meio da clareza. Colaborar melhor por meio da empatia e da bondade. Conseguir fazer mais por intermédio do foco. E liderar uma boa vida por intermédio da intenção.

Mas o timeboxing é mais fácil

Por pelo menos dois milênios e meio, as pessoas obtiveram enormes benefícios da prática de mindfulness: realizar novas descobertas, reduzir o estresse e melhorar o bem-estar.

Mas causar e manter esse tipo de estado consciente, minuto por minuto, não é fácil. É algo etéreo e efêmero. É difícil saber quando você alcançou o estado de mindfulness. E impossível para qualquer outra pessoa saber se você conseguiu. O timeboxing, por outro lado, é mais como um bom livro que você segura em suas mãos, totalmente acessível, estável e sólido.

Um timebox é tangível. É um compromisso no seu calendário. Você pode apontar para ele. Pode editá-lo. Ele lhe diz exatamente o que fazer e quando. Não é nada efêmero.

Um timebox é tolerante. Em uma janela de 30 minutos, por exemplo, você tem tempo para errar, se distrair, perceber a distração e voltar aos trilhos várias vezes, se necessário.

O sucesso ou o fracasso de um timebox é claro. Ou completamos a tarefa dentro do tempo, ou não. Passamos ou falhamos. De qualquer forma, refletimos e melhoramos. Mas esse ciclo de feedback é mais firme e instrutivo por ter um resultado explícito.

Nenhuma parte deste capítulo ou deste livro pretende tirar o valor da tradição de mindfulness. Mas talvez para algumas pessoas, por ser mais fácil e tangível, o timeboxing possa servir como um degrau para uma vida de atenção plena.

■ ■ ■ ■

O timeboxing e a prática de mindfulness podem se ajudar. Pensar nos dois juntos pode tornar o timeboxing mais atraente e a prática de mindfulness mais alcançável.

Revisão

- Mindfulness e timeboxing compartilham muitas características.
- O timeboxing é mais acessível para muitos.
- O timeboxing pode ser usado como um caminho para a prática de mindfulness.

Para refletir

- Quais outras semelhanças você vê entre mindfulness e timeboxing?
- Em que outras situações você redireciona ativamente sua atenção? Quando você é melhor nisso? Quando é pior?
- Defina um timebox de 15 minutos para meditar sobre timeboxing. Feche os olhos, traga o timeboxing à mente e observe o que lhe ocorre nesse tempo. Depois, escreva o que se lembra. Então, existem outras semelhanças que você vê entre as práticas de mindfulness e timeboxing?

Descanse e seja grato.

— William Wordsworth

21. Pausas melhores

Palavras-chave:	Descanso; recuperação; energia; rejuvenescimento; pausa; tempo livre; relaxar; ócio; feche os olhos; respire; respiração profunda
Contagem de palavras:	1.494
Tempo de leitura:	8 minutos

Não pensamos o suficiente sobre como fazer pausas da melhor forma possível. A maioria de nós as tira quando estamos mental ou fisicamente exaustos e não quando estamos no estado ideal para escolher como melhor gastar o tempo. Em vez disso, assim como no timeboxing de tarefas, vamos procurar uma maneira de sermos mais intencionais sobre pausas, descanso e rejuvenescimento.

As pausas são essenciais. Um estudo conduzido pela Microsoft em 2021[67] usou eletroencefalogramas (EEGs) para comparar a atividade de ondas beta (associadas ao estresse) entre participantes em reuniões virtuais consecutivas e aqueles que faziam pausas curtas (de 10 minutos) entre elas. O experimento rendeu três descobertas. Primeiro, as pausas permitem que nossos cérebros reiniciem, reduzindo o acúmulo de estresse que um dia agitado pode trazer. Segundo, elas produziram níveis positivos de assimetria alfa frontal (associada, entre outros benefícios, a uma maior capacidade de focar e se engajar). Terceiro, a transição direta de uma reunião para a próxima causou um pico de estresse. As pausas ajudam a nos sentirmos melhores e a ter um desempenho melhor.

As pausas são importantes, mas cada um precisa e obtém algo de diferente com elas. Vamos focar aqui principalmente as pausas dentro de um dia, mas também faremos uma breve parada nos finais de semana e feriados.

Em muitas jurisdições, há até responsabilidades legais para os empregadores e direitos para os empregados. Por exemplo, no Reino Unido qualquer pessoa que trabalhe mais de 4 horas e meia seguidas tem direito a uma pausa de pelo menos 30 minutos.

Presumo que a maioria das pessoas que lê este livro esteja ciente e receba seus direitos legais. Também vou presumir, como fiz ao longo do livro, que você tem alguma margem para escolher e planejar suas pausas.

Então: por que, o que e por quanto tempo?

Para qual propósito?

Irei categorizar as atividades relacionadas às pausas pelo seu *propósito*. Isso se relaciona com a intenção do timeboxing e com a autonomia que o método explora e destaca. Embora seja válido dividi-las de outras maneiras (por exemplo, social, diversão, aprendizado etc.), isso não chegaria ao cerne da questão, não chegaria ao *porquê*. Nós fazemos pausas:

- **Para nossas mentes.** Para descansar ou divertir o cérebro a fim de reduzir o estresse e prepará-lo para o que vem a seguir.
- **Para nossos corpos**. Para nutrir nossa carne e ossos. Note que isso pode ser alcançado de muitas maneiras, desde a inatividade até a atividade intensa.
- **Para recompensar nossas conquistas**. Como vimos no Capítulo 19, recompensas ajudam a motivar e incentivar. Elas estabelecem conexões positivas em nossos cérebros entre a resposta e a recompensa, e transformam boas práticas em hábitos estabelecidos.

As atividades que podemos escolher para nos engajar (veja abaixo) se enquadram em uma ou mais dessas categorias e devemos escolhê-las pelos propósitos a que servem.

As pausas também são usadas por muitos para propósitos produtivos e não essenciais, como administração, aprendizado ou para avançar nossas carreiras. Embora essas sejam empreitadas louváveis, na minha opinião são *tarefas* e, como tal, devem receber o tratamento-padrão de timeboxing.

O que fazer durante as pausas

São tantas possibilidades! No entanto, a maioria de nós não considera ativamente o amplo menu de opções à nossa disposição. Vamos corrigir isso com uma seleção de algumas das práticas de descanso mais comuns, cada uma classificada com um dos três propósitos descritos acima:

Atividade	Para a mente	Para o corpo	Como recompensa
Meditar	✓		✓
Tirar um cochilo rápido	✓	✓	✓
Apenas fechar os olhos por um momento	✓		
Fazer um exercício de respiração	✓	✓	✓
Evitar telas	✓	✓	
Fazer uma caminhada curta[68]	✓	✓	✓
Fazer um lanchinho		✓	✓
Beber algo	✓	✓	✓
Olhar pela janela (para a natureza, se possível)	✓	✓	✓
Fazer um treino de alta intensidade, como uma corrida acelerada		✓	
Fazer um treino de baixa intensidade, como ioga yin	✓	✓	✓
Conversar com um colega	✓		✓
Reconectar-se com alguém	✓		✓
Verificar suas mensagens			✓
Ler um livro	✓		✓
Arrumar seu espaço de trabalho	✓		✓
Animar-se para uma próxima reunião de alto impacto[69]	✓		
Ir para a natureza	✓	✓	✓
Devanear	✓		
Alongar-se	✓	✓	✓
Ligar para um membro da família	✓		✓

Atividade	Para a mente	Para o corpo	Como recompensa
Ler um artigo que estava ansioso para ler	✓		✓
Mostrar gratidão a alguém	✓		✓
Escrever em um diário	✓		
Rabiscar	✓		✓
Orar	✓		✓
Ir ao banheiro		✓	

Qualquer uma das atividades citadas pode e deve ser adaptada ao seu contexto. Por exemplo, o tipo certo de alimento ou bebida a ser consumido varia de pessoa para pessoa, mas vale a pena considerar a ciência. Há uma diferença no desempenho cognitivo, por exemplo, entre os efeitos de bebidas contendo proteínas, carboidratos e gorduras.[70] Alguns livros podem oferecer descanso e recompensa. Outros fazem exatamente o oposto. O mesmo vale para colegas e membros da família. Então, para diferentes situações, escolha a atividade de intervalo mais adequada dentre as muitas opções disponíveis.

A lista acima tem o objetivo de ser inclusiva e imparcial. Também tem como objetivo inspirar seu próprio pensamento, em vez de substituí-lo. Somente você, particularmente o eu dos seus melhores momentos, saberá quais dessas ou outras atividades funcionarão melhor. E para ter um maior conhecimento disso, você precisará observar mais. Preste atenção em quais atividades de pausa ajudam mais em cada situação, ajuste e revise sua estratégia com base nisso.

Por fim, observe que um dos benefícios indiretos de distrair sua mente pode ser a solução de um problema com o qual você estava tendo dificuldades. Às vezes, a mente desfocada encontra um caminho que a mente focada não consegue. David Ogilvy coloca isso bem (e de maneira atraente): "Encha sua mente consciente com informações, depois desligue seu processo de pensamento racional. Você pode ajudar esse processo fazendo uma longa caminhada, tomando um banho quente ou bebendo meia taça de vinho."

Por quanto tempo?

A maioria dos conselhos é para fazer uma pausa de alguns minutos a cada 45-60 minutos. Alguns dados, amplamente compartilhados on-line, sugerem especificamente que 52[71] minutos de trabalho seguidos por 17 minutos de descanso é o *modus operandi* de pessoas altamente produtivas. Existem muitos estudos menos citados, mas com mais evidências, que indicam que 10 minutos de exercício aeróbico[72] pode ser benéfico em termos cognitivos e que breves desvios[73] podem ajudar de maneira significativa no foco.

Mas, mais uma vez, a única verdade que importa é a verdade para você. Experimentar e descobrir o que funciona melhor é um dever que você tem consigo próprio. Assim como não fazer pausas pode levar a uma queda no desempenho, também existe tal coisa como fazer pausas demais e por tempo demais. Todos nós precisamos encontrar o equilíbrio adequado. Para fazer isso, você precisará observar mais. Quão curtas são as pausas após as quais você *não* se sente descansado o suficiente? Quão longas são as pausas que te deixam com a suspeita de que foram longas demais? Não escolha meramente as atividades que você se sente mais atraído no início das suas pausas. Considere as atividades que o fazem se sentir melhor ao final delas.

Eu costumo fazer pausas de 5 ou 10 minutos. Faço pausas de 5 minutos dentro de timeboxes de 30 minutos (ou seja, 25 minutos na tarefa) e de 10 minutos em timeboxes de 60 minutos (ou seja, 50 minutos na tarefa). Raramente preciso de uma pausa após um timebox de 15 minutos. Minhas configurações-padrão no calendário são de 25 e de 50 minutos, então configurar os timeboxes com as pausas adequadas já incluídas é eficiente e eficaz para mim.

Horas livres

Não precisamos de descanso apenas dentro da agitação do dia. Na verdade, passamos mais tempo e aproveitamos mais nosso descanso fora do horário de trabalho regular, durante o tempo livre, folgas e férias.

Assim como fazemos para pausas durante o dia, devemos ser intencionais sobre como passamos nosso tempo livre, folgas e férias. Considere a quais propósitos você gostaria que servissem, seja intencional e perceba que todos os três tipos das assim chamadas horas livres podem ser produtivamente organizados com timeboxes. Eu organizo aproximadamente metade das minhas horas livres com timeboxes.

■ ■ ■ ■

As pausas são uma parte essencial do timeboxing. Ao fazermos nossas pausas de forma eficaz, nos tornamos mais produtivos e menos estressados. Considere os fatores mencionados e faça das pausas que tira um retiro intencional, que aumenta a motivação e a energia. Você é o alquimista de suas experiências, responsável por misturar labuta, criatividade, interatividade e descanso em seu elixir escolhido.

Revisão

- Precisamos de pausas para descansar nosso corpo e nossa mente, assim como para recompensar nossas conquistas.
- Pense de forma ampla e proativa sobre o que você pode fazer em suas pausas; há muitas opções.
- Cinco minutos de descanso para cada meia hora de foco é aproximadamente a proporção correta.
- O descanso fora do trabalho também é importante e deve ser igualmente intencional.

Para refletir

- Quais atividades da tabela deste capítulo você acha (essas coisas são difíceis de medir!) que ajudam você a descansar melhor?

- Tente pensar em duas ou três atividades construtivas adicionais não listadas acima.
- Em um dia típico, o que você acha mais gratificante: descansar o corpo ou a mente? Qual dos dois precisa de mais descanso no momento?

Para mim, a luz é o sinal na transição.
Não é estar sob a luz, é estar lá antes de ela chegar.
Isso me capacita, em algum sentido.

— Toni Morrison

22. Melhor sono

Palavras-chave:	Sono; cochilos; sesta; higiene do sono; conforto; ritmo circadiano; rotina do sono
Contagem de palavras:	1.515
Tempo de leitura:	7 minutos

Imagine que você tem uma reunião gigantesca de 8 horas pela frente. Precisam da sua presença pela duração inteira. O seu desempenho nessa reunião terá um impacto significativo sobre como você se sentirá no dia seguinte e até depois. Você provavelmente se prepararia cuidadosamente para uma reunião tão importante, certo? Bem, todos nós temos um evento assim todas as noites, para o qual a maioria de nós se prepara muito pouco.

Este livro, até agora, foi sobre as mais ou menos 16 horas de vigília que dividimos entre trabalho e lazer. Isso deixa 8 horas restantes para o sono. Como o timeboxing pode nos ajudar com o terço restante de nossa vida diária?

Farei várias suposições aqui. Vou supor, em vez de argumentar, que o sono é um grande capacitador do humor, da saúde e da produtividade. Vou supor que uma boa higiene do sono inclui (mas não se limita a):

- um horário de sono regular
- exercitar-se mais cedo durante o dia em vez de mais tarde
- uso criterioso de cochilos
- reduzir o consumo de álcool e nicotina, assim como de cafeína e outros estimulantes pouco antes do sono pretendido
- gerenciamento da exposição à luz e, em particular, à luz natural ao longo do dia, da tarde e da noite
- um ambiente pacífico e confortável que seja escuro e tenha a temperatura adequada
- evitar atividades estimulantes antes de dormir, especialmente preocupações.

Existem amplas e crescentes evidências científicas[74] para a higiene do sono.[75] Assim, o foco deste capítulo será sobre como o timeboxing pode nos ajudar a melhorar nossa higiene do sono e, por sua vez, a qualidade do nosso sono, humor, saúde e produtividade.

Manhã

O caminho para uma boa noite de sono começa quando acordamos.

Devemos nos expor à luz do sol logo após acordar para:

- Ajudar a regular nosso ritmo circadiano. Isso nos torna mais despertos e animados, bem quando precisamos ser, e facilita nosso adormecer mais ou menos 16 horas depois.
- Melhorar o humor e a energia. A luz do sol estimula a produção de serotonina, um neurotransmissor que regula o humor e ajuda a nos sentirmos mais alertas e focados.
- Aumentar os níveis de vitamina D. A exposição ao sol é uma das principais maneiras pelas quais nosso corpo produz vitamina D (que auxilia a saúde dos nossos ossos, dentes, músculos e também do sistema imunológico).
- Aumentar a produtividade. Tem sido observado que a luz natural também melhora o desempenho cognitivo, a vigilância e a produtividade.

Se você acorda enquanto ainda está escuro, como Toni Morrison costumava fazer, aproveite a tranquilidade da escuridão e sua iluminação suave. Se coloque em uma posição que possibilita desfrutar dos raios solares quando estiverem disponíveis. Se não houver chance disso, use iluminação artificial e complemente com luz natural quando possível.

Mais tarde no dia, tente trabalhar em um ambiente com acesso fácil à luz natural: um estudo descobriu que indivíduos expostos à luz solar durante o dia dormiam 46 minutos a mais do que aqueles em ambientes de trabalho sem sol.[76]

Exercite-se pela manhã (ou início da tarde). Pessoas que se exercitam durante o dia dormem melhor do que aquelas que não se exercitam, mas a prática de exercícios físicos pouco antes de dormir pode afetar negativamente o sono.

Faça o timeboxing dessas medidas que melhoram o sono. Certifique-se de que seu primeiro timebox do dia exponha suas retinas à luz do sol. Se sua primeira tarefa for fazer o timeboxing do seu dia (e eu ficaria feliz se fosse o caso), organize-se para fazê-lo em um lugar com luz (natural). Também coloque o timebox de exercício pela manhã (ou início da tarde) para que aconteça justamente quando seu corpo mais precisa.

Cochilos

Os cochilos compartilham muitos dos benefícios da luz do sol pela manhã. Quando feitos corretamente, podem ajudar a melhorar o humor, vigilância e função cognitiva. Para muitos, a necessidade aguda que atendem é ajudar a superar um momento de baixa energia durante o dia, que geralmente ocorre no período pós-almoço durante a tarde.

Há bastante interesse por cochilos. Cápsulas de dormir ainda são incomuns, mas estão ganhando popularidade em locais de trabalho que buscam cuidar de seus funcionários (enquanto simultaneamente maximizam sua produtividade, é claro). E sestas, *riposinos*, *inemuris* e *wushuì* (todas formas de descanso diurno, geralmente feitas à tarde) têm sido práticas importantes em muitas culturas por séculos.

Se você tem a capacidade e o interesse de tirar um cochilo, faça-o corretamente: 20 a 30 minutos é o tempo ideal para obter os benefícios sem afetar indevidamente o restante do seu dia ou seu sono à noite. Organize seu ambiente para que seja propício ao sono (veja a próxima seção). Talvez uma meditação guiada de relaxamento, como yoga nidra, seja útil. Se você tem a sorte de poder incorporar cochilos com regularidade em sua agenda, faça-os aproximadamente no mesmo horário para que seu corpo se acostume e passe a esperar por eles. Em outras palavras, coloque-os em timeboxes.

Por fim, experimente e descubra o que funciona para *você*. Duração, horário, música, cafeína, cochilos, difusores, auto-hipnose, projeção astral, o que você escolhe pensar enquanto adormece e muito mais são possibilidades a se explorar.

Ritual noturno

Um ritual noturno de preparação para o sono melhorará a qualidade do seu sono.

Pense de trás para a frente. A que horas você quer acordar? Digamos que seja às 7 da manhã. Então, assumindo que você precise de 8 horas de sono, precisará dormir às 23h. Comece a se preparar gradualmente umas duas horas antes, às 21h neste caso. Isso não significa uma devoção intensa e exclusiva, mas sim verificar se algumas condições são atendidas e abster-se de certas atividades prejudiciais a um bom sono.

Voltando à nossa lista de fatores de higiene do sono listados anteriormente, os três primeiros já foram discutidos. Reduza ou elimine o álcool e os estimulantes ingeridos. Diminua a exposição a sons com a escolha e o volume da música ou entretenimento. Reduza a exposição à luz com um ambiente mais suave e escuro, comprometendo-se a não expor seus olhos à luz azul emitida pelas telas de LED às quais você provavelmente já estivera colado durante grande parte do dia (muitos smartphones e laptops agora vêm com configurações de luz azul que você pode ajustar e programar). Prepare seu ambiente de sono para ser confortável observando que nossos corpos precisam reduzir a temperatura para conseguirmos adormecer. Entre 18 e 20 graus Celsius (64 a 68 Fahrenheit) é uma boa faixa para a maioria de nós. Por fim, envolva-se em atividades tranquilas neste momento:

Fazer	Não fazer
• tomar um banho quente • receber uma massagem • meditar • escrever um diário • ouvir música calma ou um podcast tranquilo • limpar calmamente alguma bagunça	• assistir a um filme de terror • jogar videogame • comer uma grande refeição • envolver-se em uma conversa conflituosa • dar uma olhada na sua caixa de entrada e ser atraído por uma espiral de pensamentos de trabalho

Em termos práticos, você alcançará 90% dos benefícios mencionados simplesmente eliminando as telas da última hora ou duas do seu dia. O timeboxing também pode servir para *evitar* que alguma coisa seja feita por um período determinado. Essa privação intencional é um comportamento importante a ser transformado em hábito, e 90% de nós falhamos nisso.[77]

Por fim, observe que muitos dos conselhos aqui também se aplicam às pessoas ao seu redor. Filhos, parceiros, colegas de apartamento e outros também podem se beneficiar de algumas dessas práticas. Na medida em que você puder influenciá-los, faça-o. O sono ruim daqueles na sua proximidade imediata pode muito bem afetar o seu. Além disso, é bom ser gentil.

Bom sono leva à melhora do humor, saúde e produtividade. Boa higiene do sono leva a uma boa noite de sono. E o timeboxing de certos comportamentos e atividades leva a uma boa higiene do sono. Portanto, coloque sua rotina de sono em timeboxes.

Revisão

- O bom sono é crucial para o humor, saúde e produtividade.
- A higiene do sono envolve adotar medidas comuns para melhorar a qualidade do sono.
- Assim, faça o timeboxing das medidas para melhorar a higiene do sono, como exposição matinal à luz do sol, exercícios, cochilos delimitados e preparação para o sono à noite (reduzindo ruídos e luz, fazendo atividades calmas sem telas).
- Essas práticas também podem beneficiar as pessoas ao nosso redor.

Para refletir

- Planeje agora algum horário recorrente de luz do sol e de exercício no seu calendário para amanhã.

- Como está a sua higiene do sono? Anote as práticas positivas e negativas em que você costuma se envolver. Quais bons comportamentos adicionais você poderia implementar? Quais comportamentos ruins poderia eliminar?
- O que você poderia fazer agora mesmo para eliminar uma prática ruim para a higiene do sono?
- Em parte como preparação para o próximo capítulo e em parte para incentivá-lo a considerar a ampla variedade de auxiliares de sono agora disponíveis, que tecnologia você possui que poderia ser usada para melhorar seu sono? Aplicativos (rastreadores de sono, respiração, meditação guiada), acessórios rastreadores de sono (anéis, relógios), máscaras de dormir Bluetooth, colchões inteligentes, cobertores pesados e, para os verdadeiros entendedores, dispositivos de neurofeedback e EEG.

A tecnologia é um servo útil, mas um mestre perigoso.

— Christian Lous Lange

23. Ferramentas e tecnologia

Palavras-chave:	Hardware; software; funcionalidades; digital; analógico; metacognição
Contagem de palavras:	1.457
Tempo de leitura:	7 minutos

A versão impressa deste capítulo não envelhecerá bem. Dessa forma, irei manter uma versão on-line atualizada em www.marczaosanders.com/tech.

O avanço tecnológico, tanto o geral quanto especificamente em relação ao timeboxing, é implacável. Nos últimos anos, startups produziram inúmeros aplicativos novos para ajudar com calendários, listas de tarefas e timeboxing. Em paralelo, as maiores empresas de tecnologia do mundo lançaram várias funcionalidades com os mesmos objetivos em mente.

Ainda assim, defendo que a maioria de nós não precisa de muitas ferramentas, tecnologias ou recursos para perceber os benefícios substanciais do timeboxing. Eu uso apenas um calendário digital e um documento para minhas anotações (que também serve como lista de tarefas).

Mas cada pessoa é diferente e certas ferramentas digitais, físicas ou mentais podem ser úteis para *você*. Sugiro que você pense sobre o propósito dessas ferramentas e sua necessidade delas. É para cronometrar, lembrar, ordenar, compartilhar, sincronizar ou algo mais? Você tem certeza de que não pode fazer isso de forma adequada apenas com o básico?

Digital

Relógio

Você precisará manter o controle do tempo, obviamente. Se estiver trabalhando em um computador, o que muitos de nós fazemos pela maior parte do dia de trabalho, terá um indicador constante do tempo (geralmente no canto inferior direito ou superior direito da sua tela). Esta é uma maneira muito melhor de acompanhar o tempo do que um smartphone, que vem com uma enxurrada de distrações. Um relógio portátil, como um relógio de pulso, também serve a esse propósito, é óbvio, mas você provavelmente já tem isso resolvido. Em geral, tenha cuidado com qualquer interface que também seja um portal para dezenas de mundos nos quais você não precisa estar.

Aplicativos

Nos últimos anos, tivemos bastante investimento em aplicativos de produtividade, gerenciamento de tempo e até mesmo de timeboxing em específico. Pesquise on-line por "aplicativo de timeboxing" e muitos aparecerão. Isso certamente dá apoio para a noção, defendida neste livro, de que há uma demanda por maior intenção e controle em nossas vidas. Mas seria um aplicativo a maneira eficaz de alcançar isso? Uma das principais vantagens de usar um aplicativo em vez de gerenciar de maneira proativa um calendário digital por conta própria é que, se o cronograma mudar, o aplicativo pode reorganizar automaticamente o calendário. Claro, cronogramas mudam. Mas, em mais de uma década de timeboxing, nunca encontrei um problema, para mim mesmo ou qualquer outro, na reorganização manual do meu dia. De fato, precisar prestar atenção e decidir por mim mesmo onde reencaixar meus compromissos devido a alguma mudança me ajudam a processar o que eles são e quando precisam acontecer no contexto da minha vida. Entregar essa autoridade a um mecanismo alimentado por IA diminuiria minha consciência, autonomia e desempenho. Há também uma série de novos aplicativos de lista de tarefas e de calendário com várias funcionalidades sobrepostas. Eles podem ser vulneráveis à mesma crítica. No entanto, ainda recomendo tentar alguns deles. Na pior das hipóteses, você vai desinstalar o aplicativo em alguns dias. Na melhor, terá uma ferramenta que torna o timeboxing uma realidade consistente para você. Ou talvez, no meio das duas hipóteses, você descubra um truque de timeboxing que não tinha ocorrido a você (ou a mim).

Recursos em calendários digitais

O Microsoft To Do, um aplicativo de gerenciamento de tarefas, abrange a maioria dos recursos do timeboxing. A Microsoft recentemente também tornou possível arrastar um e-mail para o ícone do calendário para criar um timebox para ele, incluindo até o texto do e-mail. O Focus Time, do Google, tem o objetivo de ajudar os usuários a evitarem distrações. No último ano, o Google também lançou o Estatísticas de Tempo, que fornece análises sobre como os usuários gastam seu tempo. Desses, como mencionei no Capítulo 11, eu uso apenas o recurso do Google para monitorar e gerenciar como divido o tempo entre as diferentes áreas da minha vida. Investigue esses e outros recursos semelhantes. Já que você provavelmente está usando um calendário digital de qualquer forma, não há muito trabalho extra ou custo em utilizar um novo recurso nativo.

Modelos de Linguagem de Grande Escala (LLMs, na sigla em inglês)

O ChatGPT é, no momento em que escrevo, o aplicativo de maior crescimento entre os consumidores de todos os tempos. Embora ele e outros LLMs não sejam especificamente projetados para o timeboxing, continuam tendo uma aplicação particular aqui. Um dos temas deste livro é que, em geral, nosso desempenho em uma tarefa é melhorado de maneira significativa quando temos tempo de preparo: quando nossos cérebros foram capacitados para isso. Eu defendo a criação de timeboxes específicos de preparação para reuniões. Dessa forma, iniciamos os processos cognitivos que nos ajudam a completar a tarefa da melhor forma possível. E, para muitas tarefas, os LLMs podem acelerar esse zunido cognitivo gerando ideias, resumindo textos relevantes, encontrando materiais de referência e combinando conceitos. Estes podem ser usados em um timebox preparatório ou no próprio timebox para começar seu pensamento próprio sobre um tópico. Neste contexto e para este fim, sua utilidade para a humanidade é clara, pura e segura. Deixarei o debate sobre ameaças existenciais e outras possibilidades abomináveis para outros.

Físico

Você não precisa de nenhuma ferramenta física, mas talvez goste de algumas.

Calendários, cadernos e listas de tarefas existem tanto em papel quanto em formato digital. Para muitos, há algo satisfatório em ver, tocar, sentir e até cheirar um objeto no mundo real. Para outros, os benefícios de fazer backup na nuvem, sincronizar dispositivos e compartilhar com terceiros superam em muito os métodos antiquados e analógicos. Eu estou mais no segundo grupo, pelo menos no que diz respeito ao que é necessário para o timeboxing.

Mas até os mais fervorosos digitalistas devem pensar em como fazer com que o mundo físico ajude, em vez de atrapalhar, sua rotina de timeboxing. Precisamos que os objetos ao nosso redor nos ajudem a manter o foco no timebox em que estamos. Tais objetos físicos podem ser de baixa tecnologia, mas ainda são tecnologia.[78] Uma ampulheta, por exemplo, pode ser um meio eficaz de acompanhar quanto tempo resta para uma tarefa e também um lembrete do fato de que você está fazendo timeboxing e deve retornar ao timebox se e quando se distrair. Eu tenho uma ampulheta com valor sentimental que uso desde que tinha 30 anos. Um Post-it com um mantra como "Retorne ao Calendário" também pode servir a esse propósito. Também existem cronômetros em cubo (que são, na verdade, digitais e físicos ao mesmo tempo) que podem ser atraentes para alguns. Eles costumam ter unidades de 15, 20, 30 e 60 minutos (note que esses tempos coincidem bastante com os tamanhos de timebox que propus no Capítulo 12).

Mental

Habilidades metacognitivas são ferramentas essenciais para o timeboxing. Tecnologias digitais e ferramentas físicas podem e devem ser usadas para reduzir distrações, manter o foco e escapar dos buracos negros. Não podemos, no entanto, escapar de nossas próprias mentes. Pensamentos vão se intrometer, não importa quantas barreiras digitais e físicas coloquemos.

Nossa única opção é melhorar a capacidade de perceber quando isso acontece e voltar ao calendário, mais especificamente ao timebox em que estamos, como enfatizado no Capítulo 18.

Lembre-se de que é possível desenvolver nosso próprio senso de tempo. Todos temos nosso ritmo circadiano e um relógio interno. Somos capazes de desenvolver nossa noção de quanto tempo levamos em uma tarefa no timebox e, com prática, reduzir nossa necessidade de ficar olhando o relógio (o que é uma distração por si só). O timeboxing melhora o controle do tempo, e vice-versa.

■ ■ ■ ■

Você obterá a maioria dos benefícios do timeboxing com os essenciais descritos nos outros capítulos deste livro. Mas alguns extras opcionais podem ter um efeito positivo no seu prazer em utilizar o timeboxing. Portanto, considere-os adequadamente, note que eles podem vir dos âmbitos digital, físico ou mental, e seja claro sobre a qual propósito servirão. Afinal, queremos que o timeboxing funcione, não é?

Escolher como passar nosso tempo na Terra, a única experiência consciente da qual podemos depender, é fundamental para todos nós. O timeboxing é um bom — e na minha opinião o melhor — modo de alcançar isso. Pratique-o diariamente, faça bem feito e faça do seu jeito.

Revisão

- Há muitas ferramentas e recursos que podem ser usados para o timeboxing.
- Você não precisa de tecnologia alguma para praticar o timeboxing com sucesso.
- Mas algumas podem melhorar sua experiência.
- Pense sobre quais ferramentas podem ajudá-lo e a qual propósito serviriam.

Para refletir

- De quais ferramentas e tecnologias depende o seu sistema de produtividade pessoal? Liste-as e examine-as. Como você poderia melhorar esse sistema?
- Baixe um aplicativo de timeboxing agora e experimente por 1 semana.
- Eu descrevi o timeboxing tanto como uma mentalidade quanto como um método. Como você descreveria a mentalidade do timeboxing? E o método?

Mas agora minha tarefa foi suavemente concluída:
Posso voar, ou posso correr.

— John Milton

24. Está funcionando

Palavras-chave:	Mudança de comportamento; benefícios; objeções; adotar; adaptar; incorporar; personalizar; customizar
Contagem de palavras:	2.055
Tempo de leitura:	10 minutos

A questão não é se o timeboxing funciona; ele funciona (veja o *Capítulo 2 — Timeboxing funciona*). A questão é se está funcionando *para você*. Se você seguiu o aprendizado prático ao longo da jornada até aqui, deve estar funcionando. Mas vamos tentar ter mais certeza. O que significaria o timeboxing estar funcionando para você? Significaria que você está:

- utilizando o timeboxing habitualmente
- pensando claramente sobre o que deve fazer
- terminando essas coisas no tempo previsto
- percebendo alguns dos muitos benefícios do timeboxing
- tornando a mentalidade e o método em algo próprio.

Se tudo isso está acontecendo, tenho certeza de que você está se sentindo bem com o método e querendo continuar. Mas se houver até mesmo uma lacuna, é possível que você esteja ficando de fora. Algumas das perguntas feitas neste capítulo ajudarão a identificar e resolver quaisquer problemas que você esteja enfrentando.

Mas primeiro vamos ajustar nossas expectativas.

Não espere que o timeboxing funcione o tempo todo

Eu não faço o timeboxing da minha vida inteira. Há muitos contextos nos quais o timeboxing é pouco prático, até mesmo um incômodo. Ao desenvolvermos uma noção de quais são esses contextos e quando surgem, saberemos quando *não* ter a expectativa de usar o timeboxing, assim evitando falhas desnecessárias e inevitáveis.

Alguns períodos do trabalho e da vida doméstica são inerentemente imprevisíveis. Por exemplo, você está indo para um evento cheio de possibilidades fortuitas (um festival, uma festa, uma conferência, um churrasco). Muito acontecerá, mas quando, onde e com quem são impossíveis de prever ou controlar. Ou você está prestes a ser atacado pelos seus filhos cheios de entusiasmo e com uma energia incansável. Ou você está fazendo uma reforma em casa e tem um dia de entregas e perguntas de fornecedores e empregados. Para todos esses tipos de situações, qualquer nível de ultradetalhamento no timeboxing será provavelmente improdutivo.

O trabalho que é substancialmente previsível e estruturado pode não ser tão adequado para o timeboxing. Muitas ocupações, como as de operários de fábrica, caixas, funcionários de restaurante e guardas de segurança, oferecem oportunidades limitadas para priorização dentro do dia de trabalho. Para os indivíduos em tais funções, o timeboxing pode, portanto, ter utilidade limitada durante o horário de trabalho. Já nas horas livres — lazer e sono constituem aproximadamente dois terços da vida —, os benefícios do timeboxing permanecem substanciais.

Você quer mais espontaneidade em sua vida? Timeboxing não é, ao menos obviamente, o melhor método para alcançar isso. E há certos benefícios na desordem: variedade, surpresa, desafio, criatividade, resolução de problemas e assim por diante. (Mas, mesmo assim, podem ser criados timeboxes que permitam uma *espontaneidade de segunda ordem*: fazer nada,[79] fazer algo aleatório, estar em um lugar [um bar, galeria de arte, salão de dança] onde a espontaneidade flui, ou participar de uma atividade [uma aula de teatro, uma conversa com um estranho no transporte público, uma aula de escrita criativa] na qual espontaneidade igualmente flui.)

Para resumir, não deixe o timeboxing estragar a festa. Pontos-finais explicitamente determinados podem impedir surpresas e limitar a diversão. Quando você sabe desde o início da noite que vai embora do baile exatamente à meia-noite… não é um baile tão bom.

Você está fazendo? Está funcionando?

Essas são duas perguntas com uma distinção importante. Fazer = comportamento; funcionar = benefício. Note que o pior resultado possível seria que você *está* fazendo, mas *não* está funcionando: você está se esforçando sem alcançar o benefício. Então, vamos estabelecer seu progresso. Responda às perguntas abaixo o mais precisamente possível.

Você está fazendo?

Pergunta	Opções de resposta (escolha uma)		
Você costuma fazer o timeboxing da maior parte do seu dia com antecedência (seja pela manhã ou na noite anterior)?	Sim		Não
Você prepara seu ambiente para ser livre de distrações e propício ao trabalho?	Sim	Às vezes	Não
Você mantém uma lista de tarefas metodicamente?	Sim	Um pouco	Não
Sua lista de tarefas alimenta seus timeboxes de forma rotineira?	Sim	Às vezes	Não
Você escolhe quando responder aos e-mails?	Sim	Às vezes	Não
Seus timeboxes fazem sentido quando você chega a eles?	Sim	Às vezes	Não
Você costuma terminar suas tarefas dentro do timebox?	Sim	Às vezes	Não
Você se esforça para terminar algo, entregar e compartilhar?	Sim	Às vezes	Não
Você consegue voltar com sucesso dos devaneios e dos buracos negros para o seu calendário?	Sim	Às vezes	Não
Você é bom em estimar o tamanho dos timeboxes?	Sim	Às vezes	Não

Você pensa ativamente sobre quando e como fazer pausas?	Sim	Às vezes	Não
Você mantém uma rotina de sono?	Sim	Às vezes	Não

Está funcionando?

Pergunta	Opções de resposta (escolha uma)		
Você associa o timeboxing com um benefício particular e significativo para sua vida?	Sim		Não
Você encontrou uma utilidade em algum momento em ter seus timeboxes registrados?	Sim		Não
Você se sente menos estressado como resultado da abordagem com o timeboxing, fazendo uma coisa de cada vez?	Sim	Um pouco	Não
Você pensa mais claramente, de forma mais concentrada ou melhor?	Sim	Às vezes	Não
Seus colegas já se beneficiaram por poderem ver sua agenda?	Sim	Às vezes	Não
Você já se beneficiou de ver a agenda deles?	Sim	Às vezes	Não
Você está fazendo mais coisas?	Sim	Às vezes	Não
Você está dormindo melhor?	Sim	Às vezes	Não
Você usou a prática para adaptar de alguma forma o arco da sua vida?	Sim		Não
Você identificou os segmentos mais importantes da sua vida?	Sim		Não
Você agora tem uma noção de quanto tempo gasta em cada um deles?	Sim	Um pouco	Não
Com que frequência você não segue um timebox programado?	Raramente	Às vezes	Frequentemente
Você acredita que o timeboxing funciona?	Sim	Um pouco	Não

Juntando as duas tabelas, você está indo bem se tiver cerca de 12 respostas na coluna da esquerda.

Existe um atalho para saber que está funcionando. Você pode já ter usado o timeboxing para fazer algo de valor inestimável: reconectar-se com um velho amigo, aprofundar uma habilidade, mergulhar de verdade na brincadeira com seu filho, restabelecer um tempo regular e dedicado com seu parceiro. Se você fez alguma dessas coisas, não precisará de mim ou de um questionário para lhe dizer que está funcionando. Se fez, conhecerá o verdadeiro poder da prática.

Possíveis contratempos

Em breve (provavelmente em menos de 10 minutos), você terminará de ler este livro. A vida voltará a inundar você. Você ficará ocupado. Nem todos que tentam aderir ao timeboxing continuam com ele.

Assim, antes de nos despedirmos, vamos antecipar as armadilhas mais comuns. Eu selecionei e priorizei a seguinte lista com base em minha própria experiência, discussões com outros adeptos e adversários do timeboxing, bem como em fóruns on-line.

Tarefas urgentes simplesmente surgem, gerando desordem nos meus timeboxes.

Há algumas ocupações que estão necessária e constantemente à mercê de eventos imprevisíveis. Se você trabalha como enfermeiro ou médico em um pronto-socorro, quaisquer planos seriam descartados e, assim, o timeboxing não funcionaria. O timeboxing não é aconselhável para serviços de emergência (pelo menos não durante seu horário de trabalho). E embora a maioria de nós não trabalhe em um ambiente tão extremo e imprevisível, muitos têm episódios intermitentes de alta urgência: uma ligação importante de um cliente, uma oportunidade de imprensa que surge, uma demanda inesperada de um chefe. Mas tais eventualidades não invalidam nem minam o timeboxing. Primeiro, esses períodos de incerteza são, para a maioria de nós, a exceção e não a regra.

Segundo, quando solicitações urgentes são prováveis, nossa resposta deve ser fazer o timeboxing da verificação e do processamento de mensagens *mais frequentemente* (a cada 2 horas, por exemplo), em vez de simplesmente não o fazer. Terceiro, prioridades mudam. Timeboxes não são imutáveis e todos nós podemos, vamos e devemos adaptá-los de tempos em tempos. (Veja o *Capítulo 13 — Ordenamento de timeboxes.*)

Você se sente sobrecarregado pelo planejamento — parece que está perdendo tempo e não chega à tarefa em questão.

Uma vez que você tenha um pouco de prática, leva apenas 15 minutos para planejar um dia inteiro de tarefas. Quinze minutos para facilitar as próximas 15 horas é uma pechincha. (Veja o *Capítulo 9 — O básico.*)

Você não segue adiante. Você definiu os timeboxes, eles estão em seu calendário, mas simplesmente não está conseguindo fazê-los.

Certifique-se de escolher o tipo certo de tarefa para o estado de ânimo em que você se encontra. Saiba que que você está pedindo a si mesmo apenas uma coisa. Comece com a menor ação possível para sair da inércia e entrar no caminho certo. Também veja o *Capítulo 18 — Buracos negros e outras distrações* e o *Capítulo 19 — Criar o hábito.*

Você não termina a tempo.

Primeiro, tenha a tranquilidade de que, entre outras, evidências científicas sugerem que a prática deve funcionar (*Capítulo 2 — Timeboxing funciona*). Você está estimando as tarefas de forma realista (*Capítulo 12 — Dimensionando o Timebox*)? Está moderando e acelerando seus timeboxes (*Capítulo 16 — Moderando e acelerando*)? Você tem um conceito forte e viável do que é "bom o suficiente" (*Capítulo 17 — Entregue algo*)? Com experiência e perseverança, todos esses aspectos podem ser ajustados para alcançar uma harmonia produtiva e garantir que você termine a tempo e de forma consistente

Uma grande ideia

Identifique uma grande ideia do timeboxing na qual você realmente acredite de forma visceral e é muito mais provável que o método e a mentalidade permaneçam com você. Pode ser que você já tenha escolhido um conceito assim e o valorize. Se não, considere estes:

- **Autonomia**. Timeboxing é sobre escolher as poucas coisas que queremos influenciar dentre o universo de coisas que não podemos, e influenciar apenas essas. Realmente não podemos controlar os resultados e os desfechos. Só podemos decidir o que fazemos e quando fazemos. Isso causa, ao mesmo tempo, humildade e empoderamento.
- **Poder superior**. Independentemente de sermos religiosos ou não, há momentos em que muitos de nós sentimos que gostaríamos de ter acesso fácil a um poder superior reconfortante. O timeboxing oferece exatamente isso. O poder superior somos nós mesmos em um momento anterior e melhor.
- **Meta-hábito**. O timeboxing é o um hábito para a todos governar, um precioso meta-hábito que pode trazer tantos outros hábitos valiosos quanto você conseguir encaixar em um calendário.
- **100% mais produtivo**. Vimos, no *Capítulo 7 — Para produtividade*, que há muitas evidências de que o método dobra nossa produtividade.

■ ■ ■ ■

Adotar e adaptar um novo comportamento não acontecem da noite para o dia. Continuo a aprimorar a habilidade mesmo durante minha segunda década de timeboxing. Hoje em dia eu pratico consideravelmente mais timeboxing do que no início, já que funcionou muito bem para mim (aliás, eu tiro 21 na tabela das páginas 263 e 264).

Isso é um livro. No momento da publicação, contém pesquisas e práticas de ponta sobre o tema do timeboxing. Mas, como em qualquer disciplina, novas ideias, táticas e ferramentas surgirão ou emergirão com o tempo. Inscreva-se na newsletter (chamada *One Thing at a Time*) em www.marczaosanders.com/newsletter para recebê-las semanalmente em sua caixa de entrada. Elas irão lembrá-lo de alguns dos pontos salientes deste livro e ajudá-lo a corrigir o seu caminho, se e quando for necessário. É também uma maneira de estar em contato comigo e com outros praticantes do timeboxing.

Para mim, escolher o que fazemos com nosso tempo é tudo o que importa. O timeboxing é o melhor método que encontrei ou posso conceber para nos ajudar a aproveitar ao máximo esse privilégio de escolher uma vida que vamos valorizar.

Revisão

- O timeboxing não funcionará em certas situações, e é útil saber quais serão elas.
- Desenvolva um senso de quanto você está praticando o timeboxing e dos benefícios que ele está trazendo para você.
- Prepare-se para os obstáculos que encontrará ao adotar esse novo comportamento.
- Há algumas grandes ideias associadas à prática do timeboxing; eu destaquei quatro aqui, mas talvez você tenha as suas próprias.

Para refletir

- Responda a todas as perguntas nas duas tabelas deste capítulo.
- Envie um e-mail programado (hoje em dia a maioria dos serviços de e-mail oferece essa funcionalidade) para o seu eu daqui a 3 meses pedindo para responder a essas mesmas perguntas novamente. Mante-

nha um registro de como você as responde agora (escreva "X itens na coluna da esquerda" no e-mail que enviar) para que possa comparar e medir o progresso.

- Qual das grandes ideias de timeboxing deste capítulo parece mais importante para você? Ou há alguma outra ideia com ainda mais significado?

Epílogo

Inteligência Artificial (IA) e escrita

Pouco antes de eu assinar o contrato do livro (fevereiro de 2023), a Inteligência Artificial estava capturando a imaginação do público geral. Esta nova geração de IA, na forma de Modelos de Linguagem de Grande Escala (LLMs), poderia escrever e pensar, pelo que diziam. O ChatGPT, em particular, tornou-se o aplicativo de consumo mais rápido a alcançar 100 milhões de usuários.[80] De repente, havia uma nova inteligência por aí, mais esperta do que nós em muitos aspectos. A dominância da humanidade sobre o planeta, baseada quase inteiramente em nossa inteligência, estava ameaçada. Como isso iria se desenrolar?

Alguns especialistas preveem que a ascensão dos LLMs marca o início do fim para a escrita e para a publicação. Certamente, a nova tecnologia pode fazer coisas impressionantes. É capaz de tecer um conteúdo coeso sobre quase qualquer tópico num piscar de olhos, uma capacidade muito além até mesmo dos nossos escritores mortais mais célebres. É natural, então, inferir que a IA já igualou ou superou a escrita humana, ou que o fará em breve.

Essa inferência é natural, mas acredito que esteja equivocada. Velocidade, conhecimento enciclopédico, prolificidade, disponibilidade 24 horas por dia e convicção superficial trazem muitas vantagens impressionantes. Mas ainda não substituem o pensamento profundo, a assimilação contextual ampla, o entendimento emocional complexo e a pura genialidade que os humanos, em seu melhor, são capazes. Nossos queixos caíram enquanto assistíamos à IA articular frases e parágrafos perfeitos em uma fração de segundo. Mas acompanhando-a por várias páginas, esses queixos gradualmente se fecham, a atenção se desvia e recuperamos nosso fôlego.

Por ora, pelo menos enquanto escrevo no outono de 2023, a capacidade humana está acima da das máquinas nos quesitos de pensamento e escrita criativa e original.

Timeboxing para escrever

Eu fiz um timebox para cada um dos esforços que foram investidos neste livro. Tenho um registro no meu calendário digital de todos os timeboxes para o discurso de venda inicial, rascunhos, edições, reuniões, histórias do mundo real, epígrafes, permissões, ilustrações, agradecimentos, este mesmo epílogo e muito mais.

Mais especificamente, o método foi o seguinte. Eu tinha 24 capítulos para escrever em 24 semanas — aproximadamente um capítulo de 1.800 palavras por semana. Eu mantinha um documento atualizado com o plano para cada um desses capítulos e adicionava ideias à seção apropriada sempre que me ocorriam. Nas noites de segunda-feira, após o trabalho, eu dava uma olhada no plano e nas notas que tinha e passava exatamente 60 minutos pensando em novos ângulos, referências e linhas de pesquisa. Depois, dava ao meu subconsciente três noites de sono e na noite de quinta-feira eu passava mais 1 hora preparando um plano detalhado para o capítulo na forma de tópicos estruturados. Duas noites depois, nas manhãs de sábado, eu estaria pronto para escrever as três ou quatro seções do capítulo, cada uma em largadas de 15 ou 30 minutos de timeboxing, que, com minhas próprias revisões e edição, levavam um total de 3 a 4 horas. Depois, invariavelmente, eu saía para uma corrida no meio da manhã, durante a qual com frequência me vinham à mente mais algumas ideias. Eu as incorporava em uma sessão de edição final de 30 minutos. E assim seria concluído mais um esboço de capítulo. A lição principal é que eu nunca me sentava despreparado para escrever um capítulo.

À medida que eu pegava o ritmo e tirava algum tempo do trabalho, conseguia escrever dois ou três capítulos em uma única semana. No final, o primeiro rascunho do livro, com 45 mil palavras, levou 4 meses intensos. Terminar com vários meses de antecedência foi uma boa notícia para os editores, além de uma metajustificativa satisfatória do timeboxing.

Dessa forma, você tem em suas mãos uma prova de que o timeboxing funciona para mim. No seu caso, a prova definitiva dessa prática está no que *você* faz com ela, e quando.

Atemporal

Exceto pelo *Capítulo 23 — Ferramentas e tecnologia*, o conteúdo deste livro deve envelhecer bem.

Descobri recentemente, um tempo depois de ter terminado o livro, que a palavra "tempo" é o substantivo mais frequentemente usado na língua inglesa. Isso é verdade desde pelo menos 2006.[81] Usamos e lemos essa palavra uma vez a cada 500 palavras — ou seja, a cada duas páginas. Seu uso é um pouco mais frequente neste livro em particular.

A lógica do timeboxing é sólida. É difícil criticar a prática de decidir o que é importante, quando precisa ser feito e fazê-lo (e nada mais). Essa condição e esse privilégio não vão desaparecer. É realmente tudo o que existe para nós. E é bastante.

Acredito que o tempo e o timeboxing são coisas que devemos manter.

Agradecimentos

Este livro incorpora muito do que é mais importante para mim na vida: bondade, ponderação, abertura, leveza, comunicação, autonomia. Portanto, as influências dele são as influências da minha vida. E são inúmeras. Limitarei a gratidão expressa aqui àqueles que mais diretamente ajudaram a escrever *Timeboxing: O poder de fazer uma coisa de cada vez.* Farei isso em ordem cronológica.

Agradeço a Helen Zao, minha mãe, em primeiríssimo lugar. Por me dar a vida, claro, mas por tudo mais desde então, incluindo, para citar uma pequena amostra, ensinar-me a escrever, apresentar-me à boa escrita, inspirar-me a pensar de maneira diferente ao sempre fazer isso ela mesma, pelas conversas com chá de gengibre, por uma irmã maravilhosa e por uma amizade para a vida toda. Também, especificamente, pela edição incansável deste livro.

Minha irmã, Sibyl, por aceitar minha primeira lição sobre o tempo e por seu amor, apoio, conselhos e diversão inabaláveis 👍.

Sr. Dorian, um professor inesquecível que me ajudou a ver a linguagem e a literatura — de Shakespeare a Tennessee Williams a Ian McEwan — com a devida atenção. O bem que um bom professor faz é incalculável.

Sou abençoado com amigos que me deram ideias e experiências que ajudaram a escrever este livro, direta e indiretamente. Rich e Rob, pelas melhores excursões, discussões e meditações. Fosterman, pelo ninho no qual a Parte Dois foi chocada. Jimbo, por pagar o preço adiantado, um conceito do timeboxing, em última análise. José, pelo incentivo para pensar, escrever e liderar públicos corporativos adultos, e também pela ideia do nosso primeiro eu, nosso poder maior. Greg, pelo desafio intelectual sem precedentes e quase inteiramente bem-vindo ao longo dos anos sobre IA, aprendizado e timeboxing. Albion, pelos pensamentos compartilhados e pela confiança de que eu poderia "com certeza escrever um livro". Stephen, pela simplicidade e sinceridade — isso tem sido um guia para mim desde que ouvi de você. Peter, pelo seu incentivo muito não corporativo. Manto, pelo mesmo. Tamsin, por sua originalidade fora do comum e por delicadamente me impregnar com coragem nas redes sociais. E Julie pela ⚓ quando precisei.

Também tenho sorte de ter amigos com uma mão (ou mais) no mundo da escrita. Ed, obrigado por mostrar o caminho, pela ajuda material quando precisei dela e pelos dados. Patrick, obrigado pelo seu próprio pioneirismo literário, pelas aventuras e pelo Jim (ver abaixo). Anna, pelo coragem e espírito (👻) para cruzar gêneros. Jenny, pelo dever de casa de Natal, chinês e sua abordagem calorosa em primeira pessoa do plural.

Minha família ajudou a mim e ao livro todos os dias por quase 1 ano. Luka, seu orgulho manteve aceso o fogo da escrita ao longo dos momentos difíceis. Aya, obrigado pelas edições matinais e por me ajudar a fazer as perguntas certas. Favian, sua natureza tranquila me ajuda a manter o próprio timeboxing sob controle. Ksush, pela demonstração de que a genialidade excêntrica é uma alternativa ao controle metódico do tempo. Mattia pela paciência e pelos *riposinos*. Olya e Dave pela sabedoria e apoio notáveis na Costa Rica. Sam pelo 6zer0, nosso primeiro projeto. Marlowe pela sua crítica "brilhante" do livro no parque. Minha esposa, Lola, pelo seu espírito livre e inspirador e por sua espontaneidade, amor, críticas positivas dos esboços e adoção muito gradual da prática que acredito estar começando a ver.

Obrigado à equipe da Filtered e ao Conselho (passado e presente) por me darem o espaço para escrever este livro e por muitas das experiências que o fundamentam. As interações com vocês ao longo dos anos ajudaram a aprimorar muito do material aqui. Uma menção especial para meus cofundadores, Vin e Chris, com quem passei por tanto e cujos pensamentos moldaram muito o meu. Da mesma forma para Toby (que também não está muito longe de ser cofundador) pelo Zen, pela 🖨 e por ser, como eu, um estudante e professor de timeboxing.

Dana, da *Harvard Business Review*, obrigado por apostar em um artigo sobre timeboxing alguns anos atrás e pelas interações de alto nível e consistentemente alegres desde então. É um prazer trabalhar com você.

Meu agente literário, Jim Gill, da United Agents, que defendeu meu espaço com lealdade, garra, humor e resultados. E Amber Garvey, também na United, por ser uma rocha durante todo esse processo.

Aos meus novos amigos na Penguin Random House no Reino Unido. Primeiramente, Karolina, pela iniciativa e tenacidade em me procurar e fazer este livro acontecer e por ser um suporte resiliente para minhas ideias — boas, ruins e estranhas. À Paula, por ajudar a tornar este livro mais sobre a vida do que sobre negócios, como deveria ser. À Emma, por levar uma atitude e energia tão positiva para muitas edições de última hora. E há muitos outros na Penguin que ajudaram a montar o livro e levá-lo a muitos, muitos países.

Aos meus amigos ainda mais novos na St Martin's Press nos Estados Unidos. A equipe de lá é excelente, mas devo mencionar Tim Bartlett, cuja edição detalhada, meticulosa e cuidadosa tornou o livro substancialmente melhor (e dois capítulos mais curto) do que de outra forma seria.

Gostaria de agradecer a alguns autores consagrados, Kim Scott, Luke Burgis, Karie Willyerd, que foram generosos com seu precioso tempo e valiosos conselhos. Tentarei seguir seu exemplo e ser igualmente gentil e útil com os novos autores.

Um agradecimento especial a BJ Fogg. Por liderar o caminho no campo da formação de hábitos, incentivando milhões a torná-los pequenos e fáceis. Pelo seu generoso e tranquilizador comentário sobre este livro. E por me orientar no Capítulo 19. Mahalo!

Obrigado aos adeptos do timeboxing de todo o mundo que contribuíram com suas histórias. Eu abordei muitas pessoas on-line que falaram algo sobre timeboxing sem esperar receber mais do que um punhado de respostas. Na verdade, recebi muitas dezenas. Esse aspecto do trabalho me lembrou de como a conexão humana, mesmo entre pessoas desconhecidas em vastas plataformas digitais de redes sociais, pode às vezes ser positiva e encantadora. Lamento que nem todas as histórias possam ser usadas aqui, mas posso dizer que o papel que vocês todos desempenharam é maior do que podem imaginar.

A última pessoa a agradecer, nesta ordem cronológica, é você, leitor. Obrigado por fazer um esforço para reconsiderar como usa seu tempo. Nessa esperança e aspiração, pelo menos, compartilhamos um vínculo.

Numa tarde quente de verão, duas garotas, Lorina e sua irmã mais nova, Alice, estavam sentadas juntas à beira de um rio. Lorina lia para Alice, que, entediada pelo livro sem imagens e sem diálogos, caiu em uma soneca maravilhosa e cheia de sonhos. Minutos depois, ela acordou, com fome, e correu de volta para o lanche. Mas Lorina ficou lá, aproveitando o cantarolar nebuloso do verão que estava presente na água murmurante e nos insetos que zumbiam. Ela se afastou sem rumo da margem e descobriu um caminho de tijolos iluminado pela luz do sol que levava a um jardim e a uma casa desconhecidos. Ninguém por perto. No corredor, uma ampulheta mostra 24 horas restantes. Ela olha novamente. Agora diz 13. Algo está errado. Seu coração acelera. Ela volta para fora, agora com pressa, incerta de qual caminho seguir. Segue as longas sombras da floresta, passando por grama alta e vaga-lumes cintilantes. Tropeça em uma raiz de árvore e cai em um buraco muito profundo.

Está completamente escuro lá embaixo. Suas mãos sentem uma superfície áspera e terrosa acima, abaixo e nas laterais. É um túnel, mas torto de alguma forma. Ela se levanta e se inclina para a frente, mas suas pernas não se movem como ela gostaria. Tantas curvas. Para cima, para baixo, para a esquerda, para a direita, para trás, começa, para. Ela está sem fôlego e tonta. No canto do olho, há um movimento: um pequeno animal. Um pato? Um coelho? Ela corre atrás e então, de repente, a superfície suspensa sob a qual ela estava correndo se abre em uma vasta caverna subterrânea: um hipódromo com uma pista de corrida. Uma multidão de espectadores fantásticos torce pelos corredores: um coelho (ou seria uma lebre?), uma tartaruga, um guerreiro grego. A tartaruga está na liderança, ainda que de alguma forma seja a mais lenta dos três. É impossível dizer quem vai ganhar. Lorina olha mais de perto, mas não consegue distinguir um momento do outro nem mesmo saber se os momentos são realmente distintos. Uma sensação de estar no meio de alguma coisa a envolve e a leva pelas camadas de terra e rocha para outra floresta. Só que esta é completamente silenciosa. Sem vida selvagem, sem vento, mas rica como um saboroso bolo de passas. Deitado na grama, bem ao lado dela, está um livro vermelho. Então ela o reconhece! É o mesmo livro, *"Return to Raceland"*, que estava lendo para sua irmã naquela tarde. Está aberto na página 217. Continue lá ou aventure-se mais em marczaosanders.com/rabbit-hole.

Notas

1. Daniel Markovitz, "To-Do Lists Don't Work", Harvard Business Review, 2012, https://hbr.org/2012/01/to-do-lists-dont-work
2. Marc Zao-Sanders, "How Timeboxing Works and Why It Will Make You More Productive", Harvard Business Review, 2018, https://hbr.org/2018/12/how-timeboxing-works-and-why-it-will-make-you-more-productive
3. https://www.tiktok.com/@timeboxmedia
4. Grant A. Pignatiello et al., "Decision Fatigue: A Conceptual Analysis", J Health Psychol, 2018, https://www.ncbi.nlm.nih.gov/pmc/articles/PMC6119549/
5. www.filtered.com
6. Aldous Huxley argumenta neste vídeo de 1958 que a tecnologia e o crescimento populacional juntos restringem a liberdade: https://www.youtube.com/watch?v=alasBxZsb40
7. Immanuel Kant, *Fundamentação da Metafísica dos Costumes*, 1785
8. Brian Tracy, "Eat That Frog, Explained by Brian Tracy", Brian Tracy International, https://www.briantracy.com/blog/time-management/the-truth-about-frogs/
9. Tudo menos delegar e usar tecnologia.
10. Peter M. Gollwitzer, "Implementation Intentions: Strong Effects of Simple Plans", American Psychologist, 1999, https://doi.org/10.1037/0003-066X.54.7.493
11. Abigail Paterson et al., "Evidence that Implementation Intentions Reduce Self-Harm in the Community", British Journal of Health Psychology, 2023, https://bpspsychub.onlinelibrary.wiley.com/doi/10.1111/bjhp.12682
12. "Executive Assistant Demographics and Statistics in the US", Zippia, https://www.zippia.com/executive-assistant-jobs/demographics/
13. "The Definitive 100 Most Useful Productivity Tips", Filtered, https://learn.filtered.com/hubfs/Definitive%20100%20Most%20Useful%20Productivity%20Hacks.pdf
14. Ecos da pergunta de 300 anos de George Berkeley ainda sem resposta: "Se uma árvore cai em uma floresta e ninguém está por perto para ouvi-la, ela faz algum som?"
15. " How Can You Make Time Last Longer?", *Radio 4 in Four*, BBC Sounds, https://www.bbc.co.uk/sounds/play/p041vcb6
16. https://www.youtube.com/watch?v=ideZXg-TLz8
17. O timeboxing pode facilmente se estender para incluir várias formas de diário utilizando o campo de Notas, por exemplo.
18. "Mental Health at Work", Organização Mundial da Saúde, 2022, https://www.who.int/news-room/fact-sheets/detail/mental-health-at-work

19. Nader Hajloo, "Relationships Between Self-Efficacy, Self-Esteem and Procrastination in Undergraduate Psychology Students", *IJPBS*, 2014, https://www.ncbi.nlm.nih.gov/pmc/articles/PMC4359724/
20. Brad Aeon et al., "Does Time-Management Work? A Meta-Analysis", PLoS One, 2021, https://www.ncbi.nlm.nih.gov/pmc/articles/PMC7799745/
21. Nick Fitz, "Batching Smartphone Notifications Can Improve Well-Being", Computers in Human Behaviour, 2019, https://www.academia.edu/36928325/Batching_smartphone_notifications_can_improve_well_being
22. www.theguardian.com/on-my-terms/2022/sep/01/its-past-your-worry-time-four-ways-to--stop-overthinking-and-enjoy-yourself
23. Leonie C. Steckermeier, "The Value of Autonomy for the Good Life. An Empirical Investigation of Autonomy and Life Satisfaction in Europe", Soc Indic Res, 2021, https://link.springer.com/article/10.1007/s11205-020-02565-8
24. https://www.instagram.com/reel/Cnitexrhs7K/?igshid=YmMyMTA2M2Y%3D
25. Ray A. Smith, "Workers Now Spend Two Full Days a Week on Email and in Meetings", *The Wall Street Journal*, 2023, https://www.wsj.com/articles/workers-say-its-harder-to-get--things-done-now-heres-why-2a5f1389
26. Daniel J Levitin, "Why the Modern World is Bad For Your Brain", *Guardian*, 2015, www.theguardian.com/science/2015/jan/18/modern-world-bad-for-brain-daniel-j-levitin--organized-mind-information-overload
27. https://ecal.com/70-percent-of-adults-rely-on-digital-calendar/
28. Peter F. Drucker, "What Makes an Effective Executive", Harvard Business Review, 2004, https://hbr.org/2004/06/what-makes-an-effective-executive
29. Cal Newport comenta sobre as interpretações erradas do artigo de Parkinson de 1955, mas eu vou me concentrar na famosa citação equivocada, que capturou a imaginação popular nos últimos 70 anos. https://www.calnewport.com/blog/2008/06/11/debunking-parkinsons-law/
30. Laura A. Brannon et al., "Timeless Demonstrations of Parkinson's First Law", Psychonomic Bulletin & Review, 1999 https://www.researchgate.net/publication/11189704_Timeless_demonstrations_of_Parkinson's_first_law
31. Elliot Aronson et al., "Further Steps Beyond Parkinson's Law", Journal of Experimental Social Psychology, 1967, https://www.sciencedirect.com/science/article/abs/pii/0022103167900297
32. Dianna M. Tice et al., "Longitudinal Study of Procrastination, Performance, Stress, and Health", Psychological Science, 1997, https://psycnet.apa.org/record/1997-43695-008
33. Maria De Paola, Francesca Gioia, "Who Performs Better Under Time Pressure?", IZA, 2014, https://docs.iza.org/dp8708.pdf
34. Associação Americana de Psicologia, "Multitasking: Switching Costs", 2006, https://www.apa.org/topics/research/multitasking
35. https://www.nhtsa.gov/risky-driving/distracted-driving
36. Katharina Buchholz, "Which Countries Spend the Most Time on Social Media?", Fórum Econômico Mundial, 2022, https://www.weforum.org/agenda/2022/04/social-media--internet-connectivity/
37. https://markmanson.net/are-you-not-entertained
38. https://www.eurekalert.org/news-releases/883606

39. Marc Zao-Sanders, "How Timeboxing Works and Why It Will Make You More Productive", Harvard Business Review, 2018, https://hbr.org/2018/12/how-timeboxing-works-and-why--it-will-make-you-more-productive
40. Azul, aparentemente, estimula a criatividade: "Effect of Colours: Blue Boosts Creativity", Universidade da Colúmbia Britânica, 2009, https://www.sciencedaily.com/releases/2009/02/090205142143.htm#:~:text=Effect%20Of%20Colors%3A%20Blue%20Boosts,Attention%20To%20Detail%20%2D%2D%20ScienceDaily
41. "What Are Your Chances of Living to 100?", Office for National Statistics, 2016, https://www.ons.gov.uk/peoplepopulationandcommunity/birthsdeathsandmarriages/lifeexpectancies/articles/whatareyourchancesoflivingto100/2016-01-14
42. Rachel Gillett, "People Over 65 Shared Their Greatest Regret in Life", Independent, 2016, https://www.independent.co.uk/life-style/health-and-families/features/people-over-65-shared--their-greatest-regret-in-life-the-most-common-one-may-surprise-you-a6800851.html
43. Sarah Crow, Dana Schulz, "50 Regrets Everyone Has Over 50", BestLife, 2023, https://bestlifeonline.com/most-common-regrets/
44. A. Pawlowski, "How to Live Life Without Major Regrets", Today, 2017, https://www.today.com/health/biggest-regrets-older-people-share-what-they-d-do-differently-t118918
45. https://www.independent.co.uk/life-style/health-and-families/features/people-over-65--shared-their-greatest-regret-in-life-the-most-common-one-may-surprise-you-a6800851.html
46. https://news.microsoft.com/2008/01/14/survey-shows-increasing-worldwide-reliance-on--to-do-lists/
47. Janet Choi, "How to Master the Art of To-Do Lists by Understanding Why they Fail", IDoneThis, 2021, http://blog.idonethis.com/how-to-master-the-art-of-to-do-lists/
48. Corinne Purtill, "The New Science of Forgetting", Time, 2022, https://time.com/6171190/new-science-of-forgetting/
49. https://www.campaignmonitor.com/resources/knowledge-base/how-many-emails-does--the-average-person-receive-per-day/
50. https://www.newswiretoday.com/news/76151/new-survey-reveals-average-brit-has-27--conversations-every-day/
51. Daniel Kahneman, "Intuitive Prediction: Biases and Corrective Procedures", Advanced Decision Technology Program, 1977, https://apps.dtic.mil/dtic/tr/fulltext/u2/a047747.pdf
52. O famoso chef britânico que pratica timeboxing: https://www.jamieoliver.com/recipes/category/books/jamies-30-minute-meals/
53. "Why You Should Skip the Easy Wins and Tackle the Hard Task First", KelloggInsight, 2019, https://insight.kellogg.northwestern.edu/article/easy-or-hard-tasks-first
54. Mark Lieber, "Night Owls Have 10% Higher Mortality Risk", CNN Health, 2018 https://edition.cnn.com/2018/04/12/health/night-owl-mortality-risk-study/index.html
55. Carolyn Schur, "Night Owls", Alert@Work, 2023, https://alertatwork.com/percentage-of--night-owls-early-birds-and-intermediates-in-the-general-population
56. Courtney Connley, "The Simple Trick Steve Jobs Followed to Be 'Most Productive'", CNBC Make It, 2021, https://www.cnbc.com/2021/05/27/steve-jobs-former-assistant-on-what-he--did-to-be-most-productive.html

57. Mo Selim: https://vimeo.com/226508728
58. Voltaire, *La Bégueule*, 1772.
59. Joseph F. Ferrari et al., "Procrastination", Encyclopedia of Personality and Individual Differences. Springer, Cham., 2020, https://link.springer.com/referenceworkentry/10.1007/978-3-319-24612-3_2272
60. Psychological Bulletin, Vol. 133, No. 1
61. Ver página 279.
62. https://www.youtube.com/watch?v=vJG698U2Mvo
63. Eric H Schumacher et al., "Virtually Perfect Time Sharing in Dual-Task Performance", Psychological Science, 2001, https://journals.sagepub.com/doi/pdf/10.1111/1467-9280.00318
64. Kelvin F. H. Lui et al., "Does Media Multitasking Always Hurt?", Psychon Bull Rev, 2012, https://pubmed.ncbi.nlm.nih.gov/22528869/
65. James Clear, "How to Build New Habits by Taking Advantage of Old Ones", Habit Stacking (https://jamesclear.com/habit-stacking#), onde Clear dá a Fogg os créditos pela ideia.
66. Sam Harris, "Death and the Present Moment", discurso na Convenção Global de Ateus, abril de 2012.
67. "Research Proves Your Brain Needs Breaks", Work Trend Index, Microsoft, 2021, https://www.microsoft.com/en-us/worklab/work-trend-index/brain-research
68. O filósofo Immanuel Kant era fã destas.
69. Isso pode ser uma visualização, exercícios de respiração, revisão de suas anotações, ensaiar, afirmações positivas.
70. R. J. Kaplan, et al., "Dietry Protein, Carbohydrate and Fat Enhance Memory Performance in Healthy Elderly", Am J Clin Nutr, 2001, https://pubmed.ncbi.nlm.nih.gov/11684539/
71. Derek Thompson, "A Formula for Perfect Productivity", *The Atlantic*, 2014, https://www.theatlantic.com/business/archive/2014/09/science-tells-you-how-many-minutes-should-you-take-a-break-for-work-17/380369/
72. Christiano R. R. Alves et al., "Influence of Acute High-Intensity Aerobic Interval Exercise Bout on Selective Attention and Short-Term Memory Tasks", Perceptual and Motor Skills, 2014, https://journals.sagepub.com/doi/abs/10.2466/22.06.PMS.118k10w4
73. "Brief Diversions Vastly Improve Focus", Science Daily, 2011, https://www.sciencedaily.com/releases/2011/02/110208131529.htm
74. Leah A. Irish et al., "The Role of Sleep Hygiene in Promoting Public Health: A Review of Empirical Evidence", Sleep Medicine Reviews, 2015, https://www.sciencedirect.com/science/article/abs/pii/S1087079214001002?via%3Dihub
75. Se você está interessado na história e na ciência por trás dessas suposições, eu recomendo *Por que nós dormimos*, de Matthew Walker, ou *O ciclo da vida*, de Russell Foster.
76. Mohamed Boubekri et al., "Impact of Windows and Daylight Exposure on Overall Health and Sleep Quality of Office Workers", JCSM, 2014, https://jcsm.aasm.org/doi/10.5664/jcsm.3780
77. Fahdah A. Alshobaili et al., "The Effect of Smartphone Usage at Bedtime on Sleep Quality Among Saudi Non-Medical Staff at King Saud University Medical City", JFMPC, 2019, https://www.ncbi.nlm.nih.gov/pmc/articles/PMC6618184
78. Uma definição simples de tecnologia é: a aplicação do conhecimento para fins práticos.

79. Cassie Shortsleeve, "A Guide to Doing Nothing for People Who Are Really Bad At It", Self, 2022, https://www.self.com/story/guide-to-doing-nothing
80. Krystal Hu, "ChatGPT Sets Record for Fastest-Growing User Base - Analyst Note", Reuters, 2023, https://www.reuters.com/technology/chatgpt-sets-record-fastest-growing-user-base--analyst-note-2023-02-01/
81. Marc Zao-Sanders, "The Most Frequently Used English Noun", One Thing at a Time, 2023, https://marczaosanders.substack.com/p/the-most-frequently-used-english

Impressão e Acabamento:
GRÁFICA GRAFILAR